PESTALOZZI
UM ROMANCE PEDAGÓGICO

FICHA CATALOGRÁFICA

(Preparada na Editora)

Alves, Walter Oliveira, 1952 -
A48p Pestalozzi - Um Romance Pedagógico/
Walter Oliveira Alves
Araras, SP, IDE, 1ª edição, 2014
304 p.
ISBN 978-85-7341-605-3
1. Romance. 2. Pedagogia. 3. Espiritismo. I.Título.
CDD-869.935
-371.1
-133.9

Índices para catálogo sistemático:
1. Romance: Século 21: Literatura Brasileira 869.935
2. Pedagogia 371.1
3. Espiritismo 133.9

WALTER OLIVEIRA ALVES

PESTALOZZI

UM ROMANCE PEDAGÓGICO

Orientado pela equipe espiritual que
se denomina "**Alfredo**".

ide

ISBN 978-85-7341-605-3
1ª edição - fevereiro/2014
5ª reimpressão - setembro/2019

Conselho Editorial:
Doralice Scanavini Volk
Wilson Frungilo Júnior

Produção Cultural:
Jairo Lorenzeti

Revisão de texto:
Mariana Frungilo Paraluppi

Diagramação e Capa:
César França de Oliveira

INSTITUTO DE DIFUSÃO ESPÍRITA
Av. Otto Barreto, 1067
CEP 13602-060 - Araras/SP - Brasil
Fone (19) 3543-2400
CNPJ 44.220.101/0001-43
Inscrição Estadual 182.010.405.118
www.ideeditora.com.br
editorial@ideeditora.com.br

Plano da Obra

Castelo de Yverdon, onde funcionou
a famosa escola de Pestalozzi

INTRODUÇÃO

Preludiando o terceiro milênio, vemos notícias alvissareiras de uma Nova Era de paz e prosperidade, a se iniciar ao lado de terríveis catástrofes que ocorrem por toda parte e prenúncios de novas ocorrências amargas, próprias de uma época de transição.

Transformações de ordem externa, no entanto, apenas alertam o habitante de nosso planeta-escola sobre a necessidade premente de mudança, mas somente a educação, em seu verdadeiro significado, pode atingir a essência do Espírito e produzir as mudanças necessárias.

No entanto, a educação, em seu significado mais profundo, é esquecida e deixada de lado, até mesmo por aqueles que aclamam a sua necessidade e dizem defendê-la.

Nosso planeta já recebeu inúmeros benfeitores que se destacaram na área da educação, tais como: Comenius, Froebel, Herbart, Decroly, Montessori, Dewey e outros, mas ninguém foi mais ignorado do que Pestalozzi, um Espírito dos mais elevados que já habitaram nosso Planeta e também um dos mais incompreendidos.

Esta obra, pois, tem como objetivo resgatar essa figura extraordinária e suas ideias pedagógicas que, se bem compreendidas, podem reconduzir a pedagogia pelos trilhos de uma verdadeira educação, que realmente auxilie o desenvolvimento das potências do Espírito e promova as transformações interiores necessárias para adentrarmos nessa Nova Era.

Assim, iniciamos esta obra sob o influxo de amigos espirituais que nos orientaram durante toda a sua elaboração.

Embora seja uma obra de pesquisa, fomos orientados por essa equipe espiritual que nos acompanhou em todos os lances de nosso trabalho, incluindo detalhes e diversos fatos ocorridos em nosso mundo físico e no mundo Espiritual.

Em Yverdon-les-Bains, grande foi a emoção ao entrarmos no Castelo, onde funcionou a famosa escola de Pestalozzi. Caminhar pelos seus corredores e salas, entrar onde fora o seu gabinete e rever todo este ambiente é algo difícil de descrever.

Durante várias horas, a Sra. Françoise Waridel, *concervatrice* do *Centre de Documentation et de Recerche Pestalozzi*, falou-nos com grande entusiasmo, mostrando obras, documentos, quadros, figuras e, por fim, levando-nos a excursionar por todo o Castelo.

Mas, entristecidos, percebemos que Pestalozzi continuava fora desse círculo de amigos e admiradores de sua obra, o grande desconhecido.

Mesmo ali, em Yverdon, ao lado do Castelo, na Praça Pestalozzi e perto da famosa estátua que o dignifica, existe uma livraria com centenas de livros de vários assuntos, porém, pasmem, nenhuma obra de Pestalozzi.

Mas somente compreendemos toda a grandeza desse Espírito, no transcorrer deste trabalho, pois, ao sentarmos diariamente para escrever, sentíamos a presença de vários Espíritos amigos orientando nossa pesquisa e acrescentando cenas até então desconhecidas, que surgiam em nossa mente como se assistíssemos a um filme.

Por sugestão desses amigos, a obra foi escrita sob a forma de romance, em linguagem simples, sem a intenção de fazer literatura, mas sim, de provocar interesse no público leitor sobre a vida e obra do grande missionário que foi Pestalozzi.

Todavia, torna-se imprescindível iniciar a obra tratando de todo o movimento do Iluminismo e, em especial, da tarefa de Jean-Jacques Rousseau, que teve grande influência em todo o trabalho de Pestalozzi. Ao mesmo tempo, podemos perceber que todo o movimento, intitulado de Iluminismo, foi organizado nas esferas espirituais por elevados Espíritos, encarregados da evolução e do progresso de nosso Planeta.

Ao observar a tremenda perseguição sofrida por Rousseau, compreendemos também as dificuldades desses Espíritos em levar avante as suas tarefas.

Esta obra é fruto de pesquisas e também da orientação direta desses amigos espirituais que nos transmitiram não apenas ideias, mas também cenas de muitos acontecimentos.

Ao perguntar pelos nomes desses Espíritos, respondeu-nos um deles:

- Escreva apenas *Alfredo*, em nome de todos nós.

Assim, entregamos este livro ao público leitor, esperando que ele atinja o seu objetivo.

Palácio de Versalhes - símbolo do absolutismo
Rei Luís XIV - Monarca absolutista da França.

O Conclave

No início do Século XVII, o luxo da nobreza contrastava com a miséria dos lavradores e das classes proletárias.

A França vivia o absolutismo monárquico, baseado nos princípios do "direito divino" e apoiado pela igreja católica.

Jacques-Bénigne Bossuet, bispo e teólogo francês, afirmava que os reis recebiam o próprio poder através de Deus, conferindo-lhes autoridade ilimitada e incontestável, cabendo aos homens aceitar todas as decisões reais. Questionar tal autoridade seria tornar-se inimigo público e inimigo de Deus.

A famosa frase atribuída a Luís XIV de Bourbon, *O*

Estado sou eu (*L'État c'est moi*), reflete a realidade do absolutismo.

Foi, então, que abnegados Espíritos se reuniram em determinada região de elevada esfera espiritual, planejando as grandes transformações, necessárias em todo o planeta, e a preparação da França para as grandes tarefas de um futuro próximo.

Valorosos Espíritos, que há muito trabalhavam pela elevação espiritual do Planeta, reuniram-se, ouvindo as palavras de elevado missionário de Jesus.

Ali estavam os vultos do Iluminismo francês: Diderot, Montesquieu, Rousseau, D'Alembert e Voltaire.

Ali estavam também: John Locke, David Hume, George Berkeley, Immanuel Kant e outros, com tarefas em diversas regiões da Europa, além de Benjamin Franklin e Thomas Jefferson, que renasceriam na América do Norte, onde estariam em sintonia com as ideias que seriam semeadas na Europa.

Ainda se destacavam as figuras que teriam influência direta em Portugal e no Brasil, como Cláudio Manuel da Costa e Tomás Antônio Gonzaga, dentre muitos outros.

Terminada a fervorosa alocução de venerável Espírito sobre as grandes tarefas do porvir, os futuros trabalhadores se dispersaram, em pequenos grupos, segundo as afinidades e tarefas a serem desempenhadas.

No grupo dos iluministas franceses, Diderot parecia ser o mais entusiasmado. Abraçava D'Alembert e Montesquieu com alegria e otimismo.

Rousseau se afastava do grupo, guardando receios sobre a tarefa que deveria realizar. Dúvidas lhe assaltavam o coração, e a incerteza lhe causava grande angústia. Profundamente sincero, reconhecia suas próprias fraquezas. Foi quando sentiu uma mão em seu ombro. Ao olhar para trás, deparou-se com dois grandes olhos castanhos, revelando seriedade e meiguice ao mesmo tempo.

Depois de um longo abraço e após a conversação inicial, a figura digna do elevado missionário lhe disse:

- *Estaremos todos juntos. Confia. É importante que lances as sementes das novas ideias, embora em solo pedregoso. Renascerás na Suíça, mas saibas que tua missão será em solo Francês. Serás duramente perseguido pelas ideias que lançares, mas a Providência o acompanhará em todos os lances difíceis do caminho.*

A figura marcante do professor que, embora severo, irradiava meiguice e ternura, exercia forte influência em Jean-Jacques. A afinidade entre ambos vinha de longínquas eras.

A presença de seu antigo "mestre" causou efeito positivo. Rousseau sentiu novo ânimo.

- *Seguirei logo depois* - completou aquele Espírito marcante, cuja personalidade encantava e tão grande influência exercia em Rousseau. Era Pestalozzi.

Embora jamais tenham se encontrado durante a vida física, ambos permaneceram ligados por laços invisíveis.

Pestalozzi

Lavater

Bodmer

Elevada equipe Espiritual acompanhava todos os trabalhos. Ao lado de Pestalozzi estavam Lavater, Bodmer e Bluntschli,* dentre outros, que exerceriam suas tarefas nas terras da Suíça.

Destacavam-se ainda Joseph Benedikt e Leopold Joseph** que renasceriam na Áustria, ambos na Casa de Habsburgo-Lorena, com graves tarefas no Império Romano-Germânico, cuja influência se estenderia pelos territórios dos modernos Estados da Alemanha, Áustria, Suíça, Luxemburgo, República Tcheca, Bélgica, Eslovênia, Holanda e parte da Polônia, França e Itália.

Iniciava-se, assim, uma das mais profundas transformações em nível planetário, que atingiria as principais nações de nosso Planeta, abrindo espaço para as reformas que ainda viriam nos séculos futuros.

---

* Lavater e Bluntschli foram grandes amigos de Pestalozzi em Zurique, e Bodmer, um dos seus professores, todos citados no transcorrer da obra.

** Joseph Anton Michael Benedikt, ou Joseph II, rei do Sacro Império Romano Germânico, rei da Hungria, Croácia e Boêmia e arquiduque da Áustria, foi considerado um dos três grandes monarcas iluministas ao lado de Catarina II da Rússia e Frederico II da Prússia.

Grand-Rue, Genebra, Suíça, 1712

Jean-Jacques Rousseau

Isaac recebeu o bebê recém-nascido das mãos de Marguerite, que correu a auxiliar a parteira. Suzanne Bernard sentia fortes dores no abdome e febre alta. Era o dia 28 de junho, uma terça-feira nublada do verão de 1712.

Malgrado a dedicação das mulheres, a febre continuava a aumentar, o abdome inchava, e Suzanne começou a delirar, dizendo coisas desconexas.

O médico, chamado às pressas, reconheceu os sintomas. Afirmou terem sido causados pelos lóquios interrompidos que não haviam sido eliminados, causando contaminação do sangue.*

---

* Somente em 1773, Charles White, médico inglês, atribuiu a febre puerperal às más condições de realização dos partos, adotando medidas enérgicas de higiene, limpeza e temperatura ambiente adequadas.

Dias depois, Suzanne Bernard desencarnou, deixando órfão de mãe o pequeno Jean-Jacques.

Isaac Rousseau, relojoeiro em Genebra, era um homem culto, estudioso e um patriota ardente. Pai e filho passavam as noites lendo os livros deixados pela mãe na biblioteca legada pelo seu tio-avô materno, o Reverendo Samuel Bernard.

No início, Jean-Jacques lia apenas livros divertidos, mas, com o tempo, avançou em leituras mais profundas, tais como: *Discursos sobre a História Universal,* de Bossuet, *A Vida dos Homens Ilustres,* de Plutarco, *Metamorfoses*, de Ovídio, *A História da Igreja e do Império*, por Le Sueur.

Assim, muito precocemente, Rousseau entrou em contato com os grandes autores gregos e romanos e outros escritores e historiadores ilustres.

"Às vezes, meu pai, ouvindo as andorinhas da manhã, dizia, envergonhado: — Vamos, Jean-Jacques, vamos deitar. O dia já vai amanhecer. Sou mais criança do que você." *

Jean-Jacques viveu os primeiros anos de sua vida no número 40 da Grand-Rue, em Genebra, casa conservada até hoje como museu em homenagem ao filósofo.

* Confissões de J. J. Rousseau.

Isaac entrou apressado na casa de Gabriel Bernard, levando junto Jean-Jacques e seu irmão mais velho, François. Era outubro de 1722, Jean-Jacques tinha dez anos, e seu irmão, dezessete.

- Por favor, ajude-me a cuidar de meus filhos. Preciso sair de Genebra.

Gabriel ouviu a história de Isaac, que havia entrado em atrito com um tal de Sr. Gautier, capitão que tinha amigos no Conselho da cidade de Genebra. Tentou aconselhar Isaac, que preferiu deixar a cidade mesmo se dizendo inocente, pois temia perder sua liberdade.

Assim, Rousseau e o irmão* ficaram sob a tutela do tio materno, Gabriel Bernard.

O tio enviou Jean-Jacques, junto com seu próprio filho Abraham Bernard, para ser educado na residência do pastor protestante Lambercier, em Bossey, lugarejo próximo de Genebra, onde estudou latim e outras disciplinas.

Rousseau, em suas *Confissões*, referiu-se a essa época:

"*Puseram-nos, os dois, como pensionistas em casa do pastor Lambercier, em Bossey, para ali aprendermos, com o latim, toda a quinquilharia de que, sob o nome de educação, o fazem acompanhar.*"

Rousseau nunca teve um estudo regular nem frequentou nenhuma universidade.

Aos doze anos, voltou para Genebra e começou a trabalhar em um cartório e depois em uma oficina de gravação.

---

* François, ainda jovem, abandonou a família.

Chegou aos dezesseis anos, inquieto e descontente, como ele relatou em suas *Confissões*:

"Cheguei assim aos dezesseis anos, inquieto, descontente de tudo e de mim, sem gostar da minha profissão, sem os prazeres próprios da minha idade, devorado por desejos cujo objeto ignorava, chorando sem motivos para lágrimas, suspirando sem saber o porquê; enfim, acariciando ternamente as minhas quimeras por nada ver, a minha volta, que as merecesse."

Um dos portões de entrada para a antiga Genebra.

Domingo, 14 de março de 1728, fim do inverno, já prenunciando o início da primavera, Jean-Jacques passeava pelas regiões de Genebra, fora dos portões da cidade.

Mudança de estação na natureza, aquele dia marcaria também uma mudança drástica na vida do jovem.

Com apenas 16 anos, a Natureza já exercia forte atração em sua alma. Caminhava absorto em sua contemplação, encantado com o ressurgir do verde, sem se dar conta das horas que passavam. Quando as primeiras estrelas começaram a surgir, ele apressou os passos para voltar à cidade. No entanto, os portões já se encontravam fechados.

Seja, talvez, pelo medo de represálias, já que era a terceira vez que ele perdia o toque de recolher, ou seja pelo desejo de aventura que despertava sua alma para o novo ou, talvez, ninguém o saberá ao certo, fosse o dedo da providência, que o encaminhava para onde deveria cumprir sua missão, o fato é que Rousseau, num impulso, se pôs a caminhar em sentido contrário à entrada da cidade.

Vagou, durante alguns dias, hospedando-se em casa de gente do campo até pedir asilo a um sacerdote católico de Confignon.

O pároco, então, encaminhou-o à Madame de Warens, em Annecy, que se ocupava em receber e instruir protestantes desejosos de se converterem ao catolicismo.

Era 21 de março, Domingo de Ramos, quando Rousseau chegou a Annecy, já em território francês, cerca de quarenta quilômetros de Genebra, trajeto que ele vencera sempre a pé. Com uma carta de recomendação do prior de Confignon, ele se apresentou na casa de Madame de Warens, mas ela tinha acabado de sair para a igreja.

Rousseau correu para alcançá-la e, quando a encontrou, sentiu-se encantado. Madame de Warens era uma linda mulher, belos cabelos louros, rosto brilhante e alegre, "repleto de encantos, uns lindos olhos azuis cheios de doçura, uma tez fascinante..."*

Enorme foi a influência desta mulher na vida de Jean-Jacques.

---

* Confissões, de J. J. Rousseau

Num primeiro momento, Louise encaminhou o jovem para Turim, com dinheiro para a viagem e carta de recomendação, onde Rousseau deveria estudar o catecismo e abjurar o protestantismo.

Françoise-Louise de Warens, também chamada de Madame de Warens, era de família da pequena nobreza protestante, natural de Vevey, cidade da Suíça, no cantão de Vaud.

Separada do marido em 1726 e sem filhos, Louise pediu ajuda ao rei católico Victor-Amadeus II, que lhe concedeu uma pensão com a condição de converter-se ao catolicismo e praticar a beneficência em Annecy.

Incompreendida por muitos, por ser livre "demais" numa época em que as mulheres não tinham direitos, Louise, além de sua beleza natural, era dotada de personalidade dinâmica e rara inteligência. Possuía, em Annecy, uma farmácia natural, estudava botânica e cultivava plantas medicinais, o que também encantou o jovem amante da Natureza, fazendo dele um botânico, fato que é pouco conhecido do público leitor.

Nesta época, Isaac Rousseau, avisado de que seu filho estava em Annecy, foi para lá, esperando encontrá-lo, mas lá chegando, ficou sabendo que ele seguira para Turim, não mais o encontrando.

Na primavera de 1729, Rousseau retornou a Annecy, ajudando Louise em sua farmácia natural, leu muito, estudou botânica e música. Depois de um ano como seu auxiliar, e secretamente apaixonado por ela, fez uma curta viagem a Lyon, na qual acompanhou um velho maestro doente a pedido de Louise. Quando retornou, não mais a encontrou, pois ela viajara para Paris.

Depois de perambular por Paris, ganhando a vida como professor de música, foi para Chambéri, ao sul de Annecy, para onde Louise havia se mudado. Então, os dois se tornaram amantes e viveram juntos até 1740 quando Rousseau adoeceu e passou por uma crise que hoje se conhece como "síndrome do pânico", época em que rompeu com Louise.

Ainda em 1740, Rousseau foi para Lyon, na França, trabalhar como tutor dos filhos de Jean-Bonnot de Mably, onde travou conhecimento com seus irmãos, Étienne Bonnot de Condillac, filósofo francês, e o Abade de Mably, conhecido escritor político.

O contato com a família Mably lhe valeu cartas de recomendação para Paris, onde, finalmente, ele estaria no ambiente adequado para a realização de sua tarefa.

Assim, em 1741, vamos encontrar Jean-Jacques em Paris, lecionando música para diversos alunos. Tornou-se amigo de Denis Diderot e, por intermédio deste, conheceu também Jean Le Rond D'Alembert quando os dois preparavam a *Enciclopédia*. Diderot lhe propôs escrever os verbetes de música, o que ele fez com rapidez, entrando em contato com diversos "enciclopedistas".

No início de 1745, Rousseau passou a viver com Thérèse Levasseur, a criada de quarto do hotel onde ele estava morando. Thérèse era natural de Orléans e contava, na época, com vinte e três anos de idade. Praticamente, ela foi sua companheira até o fim de sua vida.

No inverno de 1746, nasceu o primeiro filho de Rousseau com Thérèse. Estando ele em Chenonceau, e ela, em Paris, convenceu Thérèse a dar o bebê recém-nascido a um orfanato para salvaguardar a sua honra, já que não eram casados. O mesmo aconteceria com os outros filhos, o que lhe traria enorme remorso no futuro.

Castelo de Vincennes, no século XVIII,
utilizado como prisão do estado.

A Primeira Obra de Rousseau

No outono de 1749, vamos encontrar Jean-Jacques Rousseau, então com trinta e sete anos, caminhando pelas ruas de Paris em direção a Vincennes. Ia visitar seu amigo Diderot, que fora preso após publicar sua obra *Carta Sobre os Cegos.*

Devido à longa distância, seguindo a pé, levou consigo um exemplar da revista *Mercure de France* para se distrair durante a caminhada. Foi quando leu um anúncio da Academia de Dijon, que lançava um concurso cujo tema seria a resposta a uma questão: *"Se o restabelecimento das artes e das ciências contribuiu para purificar a moral."*

Rousseau sentiu-se, então, invadido por ideias que fluíam em sua mente com rara facilidade. O pensamento parecia disparar, e as ideias da verdadeira virtude, da liberdade e da pureza da Natureza foram delineando-se em sua mente.

Sem que ele suspeitasse, amigos Espirituais auxiliavam-no a recordar as fabulosas lições aprendidas no Mundo Espiritual, cujas sementes ele estava incumbido de espalhar.

Sentindo-se invadir por profunda emoção, que ele mesmo não saberia explicar, sentou-se sob a sombra de uma árvore do caminho, um tanto atordoado pelas ideias que pareciam jorrar em catadupas. Quando Rousseau abriu os olhos, como quem despertasse de um sonho, seu casaco estava molhado de lágrimas, devido à grande emoção que o assaltara.

Mais tarde, ele escreveria o seu tratado:

"O restabelecimento das ciências e das artes contribuiu para purificar ou para corromper os costumes? Eis o que aqui é examinado. Que partido devo tomar nessa questão? Aquele, senhores, que convém a um homem honesto que nada sabe, e que não se estima menos. Vai ser difícil, eu sinto, apropriar o que tenho que dizer ao tribunal onde eu compareço.

Como ousar censurar as ciências diante de uma das mais eruditas companhias da Europa, louvar a ignorância em uma célebre Academia e conciliar o desprezo pelo estudo com o respeito pelos verdadeiros sábios? Eu senti essas contrariedades, e elas não me dissuadiram. Não é a ciência que eu maldigo, disse a mim mesmo, é a virtude que defendo diante de homens virtuosos. A honestidade é ainda mais cara às pessoas de bem do que a erudição aos doutos.

O que tenho a temer? As luzes da assembleia que me escuta? Admito; mas é pela constituição do discurso, e não pelo sentimento do orador. Os soberanos justos jamais hesitaram em se condenar nas discussões duvidosas; e a posição mais vantajosa ao bom direito é ter de se defender contra uma parte íntegra e esclarecida, juiz em causa própria.

A esse motivo que me encoraja, acresce outro que me determina: é que, depois de ter sustentado, de acordo com minha luz natural, o partido da verdade, qualquer que seja o meu sucesso, há um prêmio que não me pode faltar: vou encontrar no fundo do meu coração."

A pena corria rapidamente em sua mão sob o influxo de poderosas inteligências de Mais Alto.

Suas palavras foram fiéis à sua inspiração, ao contrário do que se esperava de quem respondesse ao tema proposto pela famosa Academia. Para escândalo dos salões luxuosos de Paris, ao invés de fazer elogios à ciência e às artes da época, donde surgiu o gosto pelo luxo, pela vaidade e todo o cortejo dos vícios de uma sociedade que corrompeu os costumes, Rousseau teceu louvores ao homem simples, porém, virtuoso.

Seu tratado, com o título de *"Discurso Sobre as Ciências e as Artes"*, conquistou o prêmio da Academia de Dijon, em 1750, e Rousseau saiu do anonimato.

Mais tarde, em suas *Confissões*, Rousseau escreveu sobre esse momento de profunda inspiração:

"Se, alguma vez, alguma coisa se assemelhou a uma inspiração súbita, foi o movimento que se deu em mim quando dessa leitura (...)

Oh! Meu Deus, se eu tivesse podido escrever a quarta parte de tudo o que então vi e senti (...) com que clareza teria revelado as contradições do sistema social, com que força teria exposto todos os abusos das nossas instituições, com que simplicidade teria demonstrado que o homem é naturalmente bom e que é por causa das instituições que se tornam maus (...). Tudo o que pude reter dessa multidão de grandes verdades, encontra-se disperso nos meus escritos."

"Iluminação de Vincennes", de Maurice Leloir, 1889. Original no Musée Jean-Jacques Rousseau, Montmorency.

Casa do Mont-Louis - Montmorency

EMÍLIO *OU* DA EDUCAÇÃO

Em 1756, após participar do movimento enciclopedista com Diderot e D'Alembert, cansado do mundo de aparências de Paris, Rousseau foi para Montmorency, vilarejo tranquilo ao norte de Paris, a convite da Mme. D' Epinay, e se instalou na Ermitage. No ano seguinte, mudou-se para a casa do Mont-Louis com Thérèse Levasseur, sua companheira, onde viveram por vários anos, sob o apoio e amizade do Marechal de Luxemburgo* e sua esposa. Foi neste local simples, na doce quietude do campo, que Rousseau viveu seu período mais produtivo como escritor.

Na primavera de 1757, Rousseau iniciou a *Nova He-*

* Charles Frédéric II de Montmorency-Luxembourg (1702-1764), Marechal da França em 1757.

loísa, na forma de romance por cartas, publicada em 1761, tornando-se um grande sucesso. Numa sociedade libertina do século XVIII, quando as uniões obedeciam a interesses, o amor e a virtude eram exaltados na *Nova Heloísa*, bem como uma das formas de voltar ao estado natural e não corrompido do homem.

Nessa mesma época, surgiam *Emílio* e *O Contrato Social* que, muito antes de sua publicação em 1762, já germinavam em sua mente. As duas obras "cresceram" juntas, e o estudioso atento poderá ver muitos pontos em comum.

Em 1760, enquanto terminava *Emílio*, já começava a escrever *O Contrato Social*.

Momentos houve em que grande emoção invadiu o autor, quando emissários elevados se lhe acercaram e, sob o influxo quase irresistível, Rousseau escreveu:

> "*Tudo é bom ao sair das mãos do Autor das coisas. Tudo degenera nas mãos do homem.*
>
> *Ele obriga uma terra a nutrir as produções de outra; mistura e confunde os climas, as estações; mutila seu cão, seu cavalo, seu escravo; transforma tudo, desfigura tudo; ama a deformidade, os monstros; não quer nada como o fez a Natureza, nem mesmo o homem; tem de ensiná-lo para si, como um cavalo de picadeiro; tem que moldá-lo a seu jeito como uma árvore de seu jardim.*"

O sentimento exaltado que pode ser observado em "*Emílio*" realmente vibrava em seu próprio coração. Fluxo intenso fluía de mais alto invadindo sua alma. Elevada equipe espiritual lhe orientava as ideias. Emoções profundas lhe invadiam a alma. As vibrações superiores atingiam as camadas mais profundas do seu subconsciente onde estavam arquivadas as experiências de vidas anteriores e também do aprendizado ocorrido no Mundo Espiritual.

A mente de Rousseau recebia as instruções dos Espíritos que o orientavam e, ao mesmo tempo, sintonizava com os arquivos do seu subconsciente profundo.

Sensações mnemônicas o levaram aos estudos ocorridos com os elevados instrutores da vida espiritual, dentre eles, o próprio Pestalozzi que, mais tarde, faria de *Emílio* o seu livro de cabeceira.

"É a ti que me dirijo, terna e previdente mãe..."

"Dizem que muitas parteiras pretendem, com massagens nas cabeças das crianças recém-nascidas, dar-lhes uma forma mais conveniente, e aceita-se isso! Nossas cabeças estariam erradas se obedecermos ao Autor de nosso ser; cumpre-nos modelá-las de fora pelas parteiras e, por dentro, pelos filósofos?"

"Mal a criança sai do seio da mãe, mal goza a liberdade de se mexer e distender seus membros, já lhe dão novas cadeias. Enrolam-na em faixas, deitam-na com a cabeça

imóvel e as pernas alongadas, os braços pendentes ao lado do corpo; envolvem-na em toda espécie de panos e tiras que não lhe permitem mudar de posição."

"Assim, o impulso das partes internas de um corpo que tende a crescer encontra um obstáculo insuperável aos movimentos que esse impulso exige. A criança faz continuamente esforços inúteis que lhe esgotam as forças ou atrasam seu progresso"

"Essas ternas mães que, livres de seus filhos, entregam-se alegremente aos divertimentos da cidade, sabem porventura que tratamento recebe a criança em suas faixas na aldeia...?

"Não contentes por terem deixado de amamentar seus filhos, as mulheres se recusam a fazê-los, e a consequência é natural..." "Quereis fazer com que todos se atenham a seus deveres? Começai pelas mães; ficareis espantados com as mudanças que provocareis."

Nascia, assim, o livro *Emílio ou Da Educação.*

Sob a forma de romance, Rousseau afirmou que o homem é bom em seu estado natural e atribuiu à civilização a origem do mal. Assim, a educação compreende dois aspectos: o desenvolvimento das potencialidades naturais da criança e seu afastamento dos males da sociedade. A educação deve ser progressiva, de forma que cada etapa seja adaptada às necessidades individuais para ocorrer um desenvolvimento harmonioso.

"A natureza quer que as crianças sejam crianças antes de serem homens. Se pervertermos esta ordem, produziremos frutos precoces sem maturidade e sem sabor, que não tardarão a corromper-se. Teremos jovens doutores e crianças velhas. A infância tem modos próprios de ver, de pensar, de sentir. Nada há menos sensato do que querer substituí-los aos nossos".

Para Rousseau, a primeira etapa deve ser voltada ao aperfeiçoamento dos órgãos dos sentidos. Incapaz de abstrações, a criança pequena deve conhecer o mundo através do contato direto com as próprias coisas. Nesse sentido, exaltava a importância do contato com a Natureza; alertava para os perigos dos livros abstratos, mas exaltava o livro *Robinson Crusoé*, que narra as experiências de um homem em contato com a Natureza.

Longe das pressões e exigências da vida artificial da sociedade, a própria criança se identifica com as necessidades naturais deste período de sua vida. Livre da ansiedade que a sociedade artificial e corrupta gera, a criança consegue ser ela mesma e seguir o desenvolvimento natural de sua potencialidade.

Afirmando que o homem é bom em seu estado natural, ou seja, traz, em si mesmo, o germe dessa bondade, longe de seguir o *laissez-faire*, Rousseau demonstrou com eloquência que nada se aprende a não ser por uma conquista ativa e que o aluno deve "reinventar" a ciência em vez de repetir fórmulas verbais prontas.

> "*Começai a estudar vossos alunos, pois certamente não os conheceis em nada*". Afirmou que "*cada idade tem suas capacidades*" e que "*a criança tem maneiras de ver, de pensar e de sentir que lhe são próprias*".

O desenvolvimento mental ocorre através de leis naturais, e a educação deve seguir esse mecanismo da natureza ao invés de contrariar a sua marcha.

O educador deve, pois, seguir o caminho da própria Natureza, que sabe o que faz, manter pura essa energia interior e auxiliar o seu desabrochar no momento propício, evitando a excitação precoce, que somente atrapalharia o desenvolvimento natural. Ensinar a utilidade das coisas para desenvolver suas faculdades naquilo que possa depois ser-lhe útil.

Esse desenvolvimento natural e progressivo, seguindo a própria natureza das coisas, é extremamente útil até o momento em que a criança desperta para a vida social. Nesse momento, a natureza íntima e boa, as virtudes naturais a todo ser, devem ter sido desenvolvidas, preparando a criança para a vida em sociedade, sem corromper-se.

Passa, assim, ao domínio da teoria social e da organização política. Nesse sentido, a obra *O Contrato Social* dá sequência ao pensamento de Rousseau, preconizando a sociedade ideal que propiciaria a continuação do desenvolvimento das qualidades interiores do homem.

O estudioso atento notará, nas obras de Rousseau, o germe das principais ideias que surgiriam nos tempos futuros.

Ao apregoar que o homem é bom em seu estado natural, abre tremenda brecha no dogma da Igreja, que afirma que o indivíduo já nasce com o pecado original.

Pestalozzi, posteriormente, ampliou essa ideia, afirmando que o homem não apenas é bom em seu estado natural, mas também já traz, em si mesmo, o germe da sabedoria e da virtude, e cabe à educação promover o desenvolvimento desse germe, ou seja, das potencialidades naturais do indivíduo.

O contato direto com as coisas da natureza, ao invés de aprender pelos livros ou figuras, esteve presente em todo o trabalho desenvolvido por Pestalozzi, como veremos à frente.

O gênio de Pestalozzi tirou dessa ideia o seu método intuitivo que, como veremos, está em perfeita sintonia com as ideias da construção do conhecimento, desenvolvidas mais tarde por Jean Piaget.

O retorno à natureza apregoado por Rousseau esteve presente nas escolas de Pestalozzi e também nas obras de Friedrich Froebel e seu famoso *Jardim da Infância*.

A fabulosa escol*a L'Ermitage*, de Jean-Ovide Decroly, conduzia as crianças ao contato direto com a natureza, através do cultivo de jardins e hortas e do trabalho com pequenos animais, que ficavam sob os cuidados das próprias crianças.

A criança, em contato com a Natureza, longe das pressões de uma sociedade corrupta e impositiva, desenvolverá a sua própria autonomia. Aqui está também a proposta de Jean Piaget em sua obra *O Juízo Moral da Criança*, quando destaca as três fases do desenvolvimento moral: anomia, heteronomia e autonomia, afirmando que o objetivo da educação é conduzir a criança à sua autonomia.

"Não se trata mais de ensinar-lhes as ciências, mas de dar-lhes o gosto para amá-las e os métodos para aprendê-las quando este gosto estiver suficientemente desenvolvido. Esse é, com certeza, um princípio fundamental de toda boa educação."

A frase acima revela a preocupação com o "querer aprender", que corresponde ao desenvolvimento da vontade, que sempre esteve presente em Pestalozzi. Esse querer mobiliza a energia volitiva do ser e impulsiona todo o processo de aprendizagem.

O contato direto com a natureza, a observação dos fenômenos à sua volta, leva a criança a se perguntar "*o que é isso*", "*como funciona*", despertando-lhe a curiosidade. Então, ela buscará as respostas às suas perguntas. Aqui está uma das partes principais do Método Intuitivo de Pestalozzi.

A obra de Rousseau também resgata a família e a figura do pai como o verdadeiro educador (preceptor) e denuncia o descaso dos pais e a negligência das mães frente a seus deveres. E é nesse ponto que Rousseau "caiu" no remorso por ter abandonado seus próprios filhos, abrindo brecha em sua mente, por onde se insinuavam Espíritos infelizes que combatiam as novas ideias que surgiam do movimento iluminista.

Ele mesmo é quem afirmaria mais tarde: *"Leitores, creiam-me. Eu aviso àquele que tem entranhas e negligencia deveres tão santos, que ele derramará, por muito tempo, lágrimas amargas sobre sua culpa e jamais será consolado."*

As obras de Rousseau, riquíssimas em ideias, mas em contradição com a realidade de sua própria vida e dentro do contexto histórico da época, pareceriam uma utopia, irrealizável na prática, não fosse a figura de Pestalozzi que, durante toda a sua existência, lutou heroicamente para vivenciar essas ideias que, em verdade, "desciam" das elevadas esferas espirituais para inaugurar uma nova etapa evolutiva em nosso Planeta.

- *Sim* - afirmou-nos um dos Espíritos da equipe intitulada Alfredo - *Rousseau foi médium de elevada equipe espiritual que dirigia o movimento iluminista, embora tal ideia possa escandalizar os historiadores.*

- *Mas a verdade é que* - continuou o mesmo Espírito - *todo esse movimento de renovação esteve sob a direção direta de elevados Espíritos do Colegiado de Jesus.*

Jean-Jacques Rousseau

Interior da casa e mesa
de trabalho de Rousseau

O Contrato Social

Certa tarde, Rousseau se sentiu invadido por estranhas sensações. Novamente, emoções profundas lhe invadiram a alma. A presença de elevados Espíritos despertava, embora de forma inconsciente, os ideais elevados que Rousseau trazia em si mesmo. Sob o influxo desses benfeitores espirituais, as ideias fluíam em sua mente, e a pena corria célere em sua mão:

> *"O homem nasce livre, e, por toda a parte, encontra-se a ferros. O que se crê senhor dos demais, não deixa de ser mais escravo do que eles. Como adveio tal mudança? Ignoro-a. Que poderá legitimá-la? Creio poder resolver esta questão."*

"A ordem social, porém, é um direito sagrado que serve de base a todos os outros. Tal direito, no entanto, não se origina da natureza: funda-se, portanto, em convenções. Trata-se, pois, de saber que convenções são essas."

Iniciou, assim, sua obra *O Contrato Social*.

Se, no *Emílio*, Rousseau afirmou que o homem nasce bom, mas a sociedade o corrompe, em *O Contrato Social*, o homem nasce livre, mas, por toda parte, encontra-se acorrentado.

Então, surge a grande questão: como preservar a liberdade natural do homem e, ao mesmo tempo, garantir sua segurança e bem-estar da vida em sociedade?

A resposta é, em tudo, totalmente contrária ao absolutismo reinante na época.

No desenrolar de *O Contrato*, surgiram questões de difícil solução como a da propriedade privada, que seria a origem da desigualdade entre os homens, quando alguns teriam usurpado outros. Surgiu a preocupação com a aparência, que aumentou a desigualdade. Havia uma preocupação em parecer e não em ser, e tudo se tornou artificial. Da desigualdade vem o caos, a perda da piedade natural e da justiça, tornando os homens maus e colocando a sociedade em estado de guerra.

O Contrato Social seria a solução por meio do qual prevaleceria a soberania política da vontade coletiva. Nesse contrato, seria preciso definir a questão da igualdade entre todos, da vontade e do interesse no bem comum. A vontade individual diz respeito à vontade particular, mas a vontade do cidadão deve ser coletiva, visando o bem de todos.

O que seria a perda da liberdade natural se tornaria um ganho com a liberdade civil. O povo seria parte ativa neste contrato, participando da elaboração das leis e do cumprimento destas. Obedecer à lei que se escreve para si mesmo, com consciência de sua necessidade, seria um ato de liberdade.

Assim, soberano seria o povo, e não o rei. O governante seria funcionário a serviço das necessidades e interesses do próprio povo. Liberdade e igualdade se tornariam a base fundamental da sociedade.

Mas isso somente se tornaria possível se o coração ainda não tiver sido corrompido, existindo uma piedade natural, a

Aqui, Rousseau escreveu suas principais obras: *A Nova Heloísa*, *Carta a D'Alembert*, *Do Contrato Social* e *Emilio ou da Educação*.
Também se interessou por Botânica e plantas medicinais.
Nesta casa de Montmorency, hoje Museu Jean-Jacques Rousseau, existem detalhes do herbário de Rousseau.

bondade natural de todo homem. Surgiu, assim, um terceiro termo, que se imantou para sempre no conceito de sociedade: a fraternidade.

Liberdade, igualdade e fraternidade – a tríade que se espalhou por toda a Europa como marco principal das ideias de uma nova sociedade.

Detalhe do herbário de Rousseau para a Senhorita Delessert.
Incluía o nome da planta em latim e francês, e da família botânica em francês.
Musée Jean-Jacques Rousseau - Bibliothèque d'études rousseauistes, 4, rue du Mont-Louis, Montmorency.

Casa do Mont-Louis - Montmorency

No entanto, Espíritos infelizes tentavam impedir o término da obra. Rousseau sentiu-se doente, surgindo crises de delírio de perseguição que, a partir daí, somente se agravaram.

Em 12 de julho de 1761, domingo à tarde, Rousseau, acreditando estar morrendo, chamou Madame de Luxemburgo a quem recomendou Thérèse e pediu, igualmente, que mandasse procurar, nos Enfants-Trouvés*, os seus filhos.

Embora tivesse tentado, Rousseau jamais conseguiu reencontrar seus filhos naquela existência. Tal fato lhe causou tremendo sentimento de culpa que o acompanhou durante toda a vida na Terra e no Mundo Espiritual, durante muito tempo, até que, ele mesmo, vivendo na orfandade, em outra existência corporal, pôde suavizar sua própria consciência.

---

* Assistência às crianças abandonadas e órfãs de Paris, obra iniciada por Vicente de Paula.

Por essa ocasião, sua obra *A Nova Heloísa* foi um sucesso em Paris e Londres, mas Rousseau era criticado por seu relacionamento com Thérèse, com quem não era casado, e pelo abandono dos seus filhos. O sentimento de culpa pelo abandono dos próprios filhos era a brecha por onde os Espíritos trevosos se insinuavam.

Nunca lhe faltou a assistência dos Espíritos superiores que coordenavam o movimento de renovação que ocorria em todo o Planeta, mas a culpa é sempre uma brecha terrível em nossa mente.

Ao terminar *O Contrato Social*, Rousseau se sentiu tão mal, que pediu a Malesherbes*, seu amigo, para publicar suas obras, caso ele viesse a falecer.

A ideia inicial de Rousseau era publicar *Emílio* antes de *O Contrato Social*.

No entanto, sob o influxo dos Supervisores Espirituais, o editor de *Emílio*, Nicolas-Bonaventure Duchesne, não se satisfazia, ora com o formato, ora com o tipo, modificando as provas por vários meses, atrasando a impressão. Enquanto isso, O *Contrato Social*, enviado em novembro para o editor Marc-Michel Rey, foi impresso rapidamente.

As duas obras foram lançadas quase ao mesmo tempo. Em abril de 1762, surgiu O *Contrato Social* e, algumas semanas depois, surgiu *Emílio*.

---

* Guillaume-Chrétien de Lamoignon de Malesherbes, estadista, ministro francês e diretor da Biblioteca Nacional, era partidário do livre pensamento, sendo amigo de Rousseau, com quem trocou diversas cartas.

Jean-Jacques Rousseau

A reação foi violenta. O parlamento de Paris condenava *Emílio* a ser rasgado e queimado e ordenava que Rousseau fosse detido e levado às prisões de Paris. O mesmo aconteceu com *O Contrato Social*.

Mais tarde, o arcebispo de Paris, Christophe de Beaumont, em uma carta pastoral, condenou o livro *Emílio* como "blasfematório, ímpio e cheio de heresias".

O atraso no lançamento fora providencial, pois, caso contrário, O *Contrato Social* não teria sido lançado, pelo menos, naquela época.

Iniciou-se uma acirrada perseguição a Rousseau. Até mesmo em Genebra, sua cidade natal, suas obras foram queimadas e sua prisão foi decretada.

Rousseau se despedindo do Marechal de Luxemburgo.

A Perseguição

Entristecido, Rousseau se viu constrangido a deixar Paris. Mais tarde, ele escreveu sobre esse momento em que se despediu de seu amigo Marechal de Luxemburgo e de sua esposa, bem como de Thérèse e outros amigos:

> *"A senhora do Marechal me abraçou por várias vezes com um ar muito triste (...) O senhor Marechal não abria a boca; estava pálido como um morto (...) o nosso abraço foi longo e mudo; ambos sentimos que tal abraço era um derradeiro adeus".*

> *"Todas as gazetas, todos os jornais, todas as brochuras tocaram a rebate da maneira mais terrível (...) Eu era um ímpio, um ateu, um exaltado, um furioso, um animal feroz, um lobo".*

"A dificuldade era saber para onde ir, agora que Genebra e Paris me estavam interditas ...".

Como Jean-Jacques não tinha nenhum veículo, o Marechal lhe presenteou com um *cabriolé.*

Ao sair de Montmorency, Rousseau cruzou com outro veículo com quatro homens de preto que o saudaram. Eram os meirinhos (oficiais de justiça) que iam buscá-lo. Esses homens o saudaram, fingindo não reconhecê-lo.

Saindo de Paris, passou por Mennecy, Dijon, Dole, Salins-les-bains e Pontarlier, entrando no território da Suíça.

Depois da mais terrível, estafante e angustiante viagem de sua vida, em junho de 1762, ao entrar no cantão de Vaud, Rousseau chorou, ajoelhou-se e, num transporte de emoção, disse:

- *Céu protetor da virtude. Eu te louvo, toco uma terra de liberdade* - e, em seguida, beijou o solo suíço.

Entrando em Yverdon, permaneceu, por cerca de um mês, hospedado em casa do amigo Daniel Roguin, cujos laços de amizade vinham desde 1742 quando se conheceram. Nessa época, Rousseau conheceu o famoso Castelo onde, mais tarde, funcionaria a famosa escola de Pestalozzi.

No entanto, a intolerância das autoridades contra suas obras impeliram Rousseau a deixar Yverdon. Mas a amizade entre Rousseau e Roguin continuaria através da correspondência até a morte deste, em 1771.

- Céu protetor da virtude. Eu te louvo, toco uma terra de liberdade .

A 10 de julho de 1762, Rousseau foi para Motier, cantão de Neuchâtel, onde encontrou proteção com o Senhor Keith, representante de Frederico, da Prússia.

Neste período, ele também foi para a cidade de Neuchâtel e retornou várias vezes a Yverdon.

Mas esses momentos de calmaria eram poucos. Por toda parte, Rousseau encontrava acusações que lhe atordoavam a alma, levando-o, cada vez mais, a sentir-se perseguido.

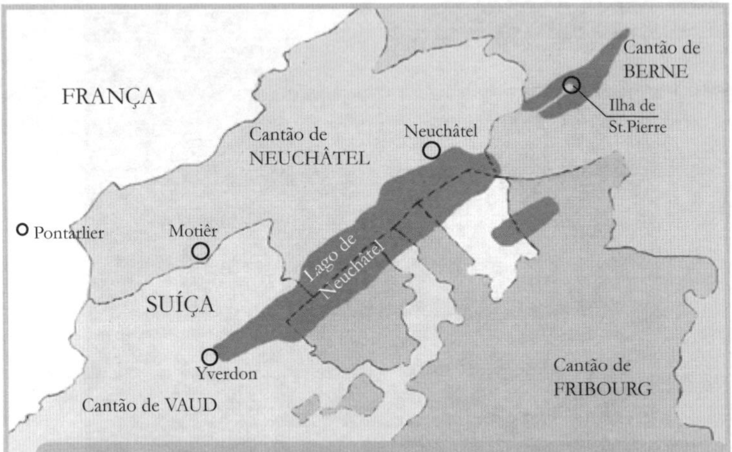

Yverdon, no Cantão de Vaud, fica próximo da divisa com a França.

Embora as acusações da nobreza e do clero, os cidadãos da Suíça, especialmente de Genebra, levantaram-se para defendê-lo. Professores e alunos de Zurique leram com entusiasmo as suas obras, que continuaram a circular clandestinamente, e muitos deles o visitaram em Motier. Foi nessa época que surgiram graves conflitos em Zurique, quando os "patriotas" se colocaram ao lado do povo de Genebra, o que culminou com a prisão de alguns estudantes, dentre eles, Pestalozzi.

Em maio de 1764, recebeu a notícia da morte de seu amigo e protetor, o Marechal de Luxemburgo.

> *"O único amigo verdadeiro que eu tinha na França, sendo tal a doçura do seu caráter, que me havia feito esquecer completamente a sua categoria para a ele me afeiçoar como um igual".*

Em dezembro de 1764, chegou-lhe às mãos o panfleto *Sentimento de Cidadão* (Sentiment des Citoyens), obra anônima, mas que fora escrita por Voltaire que, invigilante, cedera às investidas das trevas e atacou, impiedosamente, a Rousseau:

> *"Este é um homem que ainda carrega as marcas funestas de seu deboche; e disfarçado de palhaço arrasta consigo, de povoado em povoado e de montanha a montanha, a infeliz... que expôs as crianças à porta de um hospital..."*

Até Voltaire, que fizera parte da mesma equipe de Espíritos do Iluminismo francês, tornou-se feroz acusador de Rousseau.

Já tendo sido convidado pelo editor Rey a escrever sua biografia, Rousseau decidiu, então, escrever suas *Confissões.*

> *"Soe a trombeta do juízo final quando lhe aprouver; irei, com este livro na mão, apresentar-me ao juiz supremo. Direi em voz alta: Eis o que fiz, o que pensei, aquilo que fui."*

Ao mesmo tempo em que iniciou suas *Confissões*, Rousseau também escreveu o projeto constitucional para a Córsega, em 1765.

Casa de Rousseau em Montier

Meia-noite, Rousseau acordou ouvindo os latidos do cachorro, que percebia algo estranho acontecendo. De repente, ouviu um enorme barulho. Um chuva de pedras foi atirada contra a janela e a porta. Tal o impacto, que o próprio cão fugiu assustado.

O pastor de Montmollin, região próxima a Motier, em seus sermões inflamados, incitou a população, que apedrejou a casa de Rousseau na noite de 6 de setembro de 1765.

A situação se tornou insustentável, e Rousseau foi para a Ilha de Saint Pierre, no lago de Bienne, a vinte quilômetros de Neuchâtel, onde ele escreveria mais tarde em *Os Devaneios do Caminhante Solitário*:

> "*De todas as habitações em que morei (e tive algumas encantadoras), nenhuma me tornou tão verdadeiramente feliz e me deixou tão terna nostalgia quanto a Ilha de Saint-Pierre no centro do lago de Bienne.*"

"Existem campos, vinhas, pomares, florestas, pastagens e bosques sombreados rodeados por arbustos de todos os tipos cuja beija da água mantém a frescura."

Ilha de Saint Pierre, no lago de Bienne

Mas em 16 de outubro de 1765, o "Petit-Conseil" expulsou Rousseau de Berna.

Seguiu para Basileia, Estrasburgo, Châlons-en-Champagne e Épernay, ao norte da França, onde passou uma noite terrível. A sensação de perseguição aumentava. Atormentado e confuso, seguiu para Paris, onde chegou em 16 de dezembro de 1765 e se instalou na casa do Príncipe de Conti.

Finalmente, a convite de David Hume, Rousseau seguiu para Londres, onde chegou em 13 de janeiro.

Mais tarde, desentendendo-se com Hume, foi para

Derbyshire, a cento e cinquenta quilômetros de Londres, a convite de Richard Davenport, onde terminou a primeira parte de *Confissões.*

Nesse período, Rousseau levou uma vida errante, atormentado por crises de perseguição. Foi para Paris, depois Lyon e retornou passando por Bourgoin, onde, diante de testemunhas, desposou Thérèse, com quem vivia até então, na opinião da época, uma ligação ilícita. Mas isso não lhe acalmou a consciência nem diminuiu a sensação de perseguição que, na verdade, ocorria de fato dos dois lados da vida.

Finalmente, instalou-se no povoado de Monquin, perto de Bourgoin, onde retomou a segunda parte de *Confissões.*

Em abril de 1770, retornou a Paris, mesmo sob mandado de prisão. Em 1772, sob forte crise de perseguição, iniciou *Diálogos* ou *Rousseau, Juiz de Jean-Jacques.*

Nos próximos quatro anos, trabalhou nos *Diálogos*, copiou música, confeccionou herbários e compôs pequenas peças musicais.

Rousseau encontrava alegria e paz em caminhar a pé pelos campos e bosques de Paris. Certo dia, do ano de 1776, caminhando sozinho, sentiu um misto de tristeza e solidão.

Mentalmente, iniciou sua última obra: *Devaneios de Um Caminhante Solitário.*

> *"Eis-me, portanto, sozinho sobre a Terra, sem outro irmão, próximo, amigo ou companhia que a mim mesmo."*

De forma simples, mas sincera, e embora a beleza do livro, o tom com que escreveu foi de profunda amargura e decepção pela rejeição sofrida pela sociedade de seu tempo, que o manteve isolado em sua solidão contemplativa.

> *"A felicidade é um estado permanente que não parece feita para o homem neste mundo. Tudo na Terra está em um fluxo contínuo que não permite a nada assumir uma forma constante. Tudo muda à nossa volta. Nós mesmos mudamos, e ninguém pode garantir que amará amanhã aquilo que ama hoje. Assim, todos os nossos projetos de felicidade nessa vida são ilusões. Aproveitemos o contentamento do espírito quando ele ocorre; evitemos afastá-lo por erro nosso, mas não façamos projetos para acorrentá-lo, pois tais projetos são puras tolices."*
>
> (*Devaneios de um Caminhante Solitário, Nona caminhada*)

Rousseau, com sessenta e cinco anos.

A Desencarnação de Rousseau

Certo dia, início da primavera de 1778, sentindo-se decepcionado consigo mesmo pelos erros cometidos e com a sensação de quem houvera falhado na vida, Rousseau, com os olhos marejados de lágrimas, em sua sensibilidade apurada, sentiu-se invadir por estranha sensação de serenidade e alegria.

Amigos Espirituais se acercaram de sua figura solitária, abraçando-o.

Quem observasse, naquele momento, aquele homem de sessenta e cinco anos, caminhando sozinho, não poderia jamais imaginar a festa que ocorria naquele recanto florido e isolado de Paris.

Festejavam as obras *Emílio* e *O Contrato Social* que, apesar da tremenda perseguição da Monarquia e do Clero, espalhavam-se por toda parte da Europa, levando as primícias de um novo pensamento, baseado no ideal de Liberdade, Igualdade e Fraternidade.

As ideias dos iluministas, semeadas pela imensa equipe de pensadores, espalhavam-se pela França, Suíça, Alemanha, Itália, atingindo a Inglaterra e as terras da América do Norte e das escolas de Coimbra, chegando à América do Sul.

Estava assegurado o fim do absolutismo monárquico, os abusos da nobreza e a intolerância do clero. Resguardando-se a crença em Deus, deu-se ênfase à razão acima da imposição dogmática da Igreja, assegurando o direito ao livre pensamento. Assegurava-se também a igualdade de todos, sem privilégios por nascimento ou posição social, bem como a liberdade como direito natural do homem.

Assim, estava aberto o caminho para a nova etapa evolutiva do planeta.

Jardins de Ermenonville em 1783

Em maio de 1778, Rousseau aceitou o convite do Marquês de Girardin e se instalou em uma casa ao lado do Castelo do Marquês, em Ermenonville. O castelo era cercado por um imenso jardim que fora construído segundo as descrições citadas por Rousseau em sua obra *Nova Heloísa*.

Foi neste local, talvez o mais agradável dos seus refúgios, que Rousseau se dedicou às plantas medicinais e desencarnou no dia 2 de julho de 1778, aos sessenta e seis anos de idade.

Rousseau foi sepultado em meio ao lago de Ermenonville, na ilha dos Choupos (Ile de Peupliers), em meio à natureza, em um túmulo que o Marquês mandou fazer especialmente para ele.

Em 1794, após o início da Revolução Francesa, apesar dos protestos de Girardin, seus restos mortais foram transferidos para o Panteão, em Paris, onde permanecem sepultados em frente ao túmulo de seu pseudoinimigo Voltaire.

Rousseau, nos Jardins de Ermenonville, pouco antes de sua desencarnação.

Túmulo de Rousseau, na Ilha de Choupos, nos Jardins de Ermenonville.

O Despertar de Rousseau

Rousseau abriu os olhos como quem despertava de um sonho e olhou espantado à sua volta, reconhecendo a figura de Charles François, o Marechal de Luxemburgo*, e outros amigos conhecidos. Uma plêiade de Espíritos ligados ao Iluminismo veio recebê-lo, não como quem houvera fracassado, mas como quem cumprira sua missão.

Embora seus defeitos e os erros cometidos, fora intérprete fiel do pensamento dos elevados Espíritos que o assessoraram durante sua existência carnal.

Rousseau, então, ficou sabendo que seus livros circula-

(*) Charles Frédéric II de Montmorency-Luxembourg, que dera asilo e apoio a Rousseau em Montemorency, desencarnou em maio de 1764, dois anos depois da fuga de Rousseau em 1762.

vam por toda a Europa, e a influência do Iluminismo chegava à América do Norte e ao Brasil, através dos estudantes da Universidade de Coimbra.

Graças ao Iluminismo, o Absolutismo Monárquico e a intolerância do clero estavam chegando ao fim, abrindo espaço para uma nova etapa evolutiva em todo o Planeta.

Rousseau, no transcorrer do tempo, gradualmente, readquiriu a memória de suas existências transatas e, especialmente, das lições aprendidas com seus grandes professores da Espiritualidade, dentre eles, Pestalozzi. Tomou conhecimento, então, que vários desses professores estavam reencarnados na Suíça, dando continuidade a elevado projeto elaborado nas esferas superiores. Além de Pestalozzi e Lavater, também estavam, dentre esses Espíritos, alguns professores e alunos do Collegium Carolinum, em Zurique, citados mais adiante.

Nessa época, entrou em contato com um dos grandes trabalhadores de Jesus, que renasceria com o nome de Hippolyte-Léon Denizard Rivail e que deveria receber preciosas sementes de ideias desses grandes professores, em especial de Pestalozzi.

No entanto, atormentado ainda pelo remorso de ter entregue seus filhos a um orfanato, Rousseau pediu uma nova encarnação, em que deveria, renascendo em solo da Suíça, como criança pobre e órfã, reencontrar seu querido professor de outrora, Pestalozzi.

Filósofos iluministas reunidos no salão de madame Geoffrin.
Óleo sobre tela de Anicet-Charles Lemonnier, 1812

O Iluminismo

Todos os Espíritos envolvidos no grande movimento chamado Iluminismo cumpriram suas tarefas, embora em lugares e de formas diferentes.

Charles de Montesquieu renasceu na França em 1689 e desencarnou em 1755. Foi filósofo, escritor e político, tornando-se um crítico severo da monarquia absolutista e dos abusos do clero católico. Ficou famoso pela *Teoria da Separação dos Poderes*, até hoje consagrada em muitas das constituições.

Denis Diderot renasceu em Paris em 1713, e Jean le Rond D'Alembert, em 1717. Dentre outras obras, ambos trabalharam na *Encyclopédie* ou *Dictionnaire Raisonné des Sciences, des Arts et des Métiers,* reunindo todas as descobertas científicas da época, derrubando as superstições e permitindo ao povo o acesso ao conhecimento humano. A obra continha, ao todo, trinta e três volumes. Vários autores contribuíram para tal obra, incluindo Rousseau, Montesquieu e Voltaire.

François Marie Arouet (Voltaire) renasceu em Paris em 1694 e desencarnou em 1778. Usando de sátira em seus escritos, lutou pelo ideal da liberdade civil e religiosa, influenciando tanto a revolução Francesa quanto a Americana. Criticou os reis absolutistas e os privilégios do clero e da nobreza. Foi preso duas vezes e, para escapar de nova prisão, buscou refúgio na Inglaterra, onde conheceu as ideias de John Locke.

John Locke renasceu em 1632 na Inglaterra, desencarnando em 1704. Escreveu, dentre outros, o *Ensaio acerca do Entendimento Humano*, em que desenvolveu sua teoria sobre a origem e a natureza do conhecimento. Suas ideias ajudaram a derrubar o absolutismo na Inglaterra e a ideia do *direito divino dos reis*.

George Berkeley renasceu na Irlanda em 1685, desencarnando em 1753. Foi filósofo e ministro da Igreja Anglicana na Inglaterra. Pressupôs a existência de uma mente cósmica que seria universal e superior à mente individual dos homens. Reformulou, assim, a ideia de Deus.

David Hume renasceu em Edimburgo na Escócia, em 1711 e desencarnou em 1776. É considerado um dos maiores pensadores do Iluminismo escocês. Suas obras influenciaram James Madison, que contribuiu na elaboração da Constituição Americana, trabalhando junto com Thomas Jefferson e tendo sido o quarto presidente Norte Americano.

Immanuel Kant nasceu na Prússia em 1724 e desencarnou em 1804. Afirmava que *a passagem gradual da fé eclesiástica ao domínio exclusivo da pura fé religiosa constitui a aproximação do reino de Deus.* A fé eclesiástica (que pertence à Igreja) seria superada e substituída pela fé religiosa, ou seja, pela fé racional.

Tais ideias abriram caminho para a real compreensão da frase de Kardec: "*Não há fé inabalável senão aquela que pode encarar a razão face a face em todas as épocas da Humanidade*". (*O Evangelho Segundo o Espiritismo* - cap. XIX - Allan Kardec)

Benjamin Franklin renasceu em 1706, em Boston, nos Estados Unidos, então, colônia da Inglaterra, tendo desencarnado em 1790. Além de editor, escritor, cientista, inventor e diplomata, foi uma das figuras mais influentes na História dos Estados Unidos e participante ativo na Independência e na elaboração de sua Constituição. Foi embaixador das colônias no Reino Unido e representante dos Estados Unidos na França, onde se tornou uma figura popular na sociedade parisiense. Teve grande influência na organização do apoio francês para a Revolução Americana.

Thomas Jefferson renasceu em 1743, nos Estados Unidos, então, colônia da Inglaterra e desencarnou em 1826. Foi advogado, arqueólogo, músico, inventor, filósofo, político e o fundador da Universidade da Virgínia. Como filósofo, conheceu diversos intelectuais do Iluminismo Inglês e Francês do seu tempo. Defendeu a separação entre a Igreja e o Estado e foi um dos autores da Declaração da Independência americana e, posteriormente, da sua Constituição. Foi o terceiro presidente dos Estados Unidos.

Se, por um lado, a Independência dos Estados Unidos, ratificada em 4 de julho de 1776, influenciou a Revolução Francesa, por outro lado, a Declaração da Independência dos Estados Unidos foi fruto das ideias iluministas e nela se lê o pensamento de Rousseau: "*Todos os homens nascem livres e iguais em direito.*"

Todo o movimento iluminista, além do seu aspecto político e social, praticamente tirou o homem de um estado de menoridade mental e da incapacidade de servir-se do próprio intelecto sem ser guiado cegamente por outro.

Embora diversos desses autores tenham conotação materialista por terem combatido a imposição religiosa da época, na verdade, abriram caminho para a fé raciocinada.

A verdadeira religiosidade não sofreu abalo com tais ideias, pelo contrário, fortaleceu-se ao abrir caminho ao livre pensamento. A verdade é soberana por si mesma, e cada indivíduo tem o direito de buscá-la, trabalhando com sua própria inteligência e razão.

A educação, proposta por Rousseau e vivenciada por Pestalozzi, serviu de modelo e inspiração para muitos educadores e pensadores como Froebel e Herbart. No entanto, as principais ideias de Pestalozzi são ainda desconhecidas ou ignoradas, conforme veremos a seguir.

A reunião dos conjurados - Pedro Américo

O Iluminismo no Brasil

No Brasil, o ideal do movimento chamado de "Inconfidência Mineira" foi eminentemente iluminista.

Tomás Antônio Gonzaga, Cláudio Manuel da Costa, Inácio José de Alvarenga Peixoto, além de outros, estudaram na Universidade de Coimbra, em Portugal, tendo acesso às ideias liberais que circulavam na Europa.

Inspirado nos iluministas franceses e na independência dos Estados Unidos, o plano dos inconfidentes era estabelecer um governo republicano independente de Portugal, no qual seu primeiro presidente seria Tomás Antonio Gonzaga, por três anos, após o que, haveria eleições.

Os inconfidentes se reuniam em Vila Rica, Minas Gerais, e procuravam espalhar, pelas demais regiões do Brasil, as ideias de liberdade que fermentavam na França, chegando mesmo a pedir apoio ao embaixador da América do Norte em Paris.

Inácio José de Alvarenga Peixoto, Padre Rolim, o alferes Tiradentes, Tomás Antônio Gonzaga e Cláudio Manuel da Costa foram presos em maio de 1789, dois meses antes do início da Revolução Francesa. Dez dias depois da misteriosa morte de Cláudio Manuel da Costa, o povo de Paris tomava a Bastilha, em 14 julho de 1789, iniciando o final do absolutismo na França.

Mas a ideia de liberdade jamais sairia da mente dos brasileiros. A libertação do Brasil de Portugal levaria mais trinta anos, no entanto, sem derramamento de sangue e sem os graves conflitos ocorridos na França durante a Revolução Francesa.

Assim, o Brasil se preparava para sua gloriosa missão de ser o "Coração do Mundo, Pátria do Evangelho."

A Revolução Francesa

A Revolução Francesa teve seu ápice com a queda da Bastilha em 14 de julho de 1789.

A Bastilha era um símbolo da monarquia absolutista, sendo, na época, uma prisão com torres e muros de vinte e cinco metros de altura. O térreo funcionava como uma prisão comum, mas o calabouço era a parte mais terrível, onde, com frequência, o prisioneiro falecia de frio, fome ou doenças.

O evento provocou uma onda de reações pela França e por toda a Europa.

No entanto, a França, logo a seguir, entrou no regime chamado "Terror", época de intensa violência provocada por Espíritos tenebrosos e liderada por Robespierre, quando milhares de pessoas foram guilhotinadas, incluindo muitos homens honestos e dignos. O Terror durou cerca de um ano, de maio de 1793 a julho de 1794, com a prisão de Robespierre, que também foi guilhotinado logo após a sua prisão. A França atraía, assim, dolorosas provações coletivas.

Zurique antiga. Provável casa de pestalozzi

JOHANN HEINRICH PESTALOZZI

O velho pastor olhava pela janela, enquanto, lá fora, o vento frio do inverno soprava forte. Nevara durante a noite. O inverno começava rigoroso neste ano de 1746, em Zurique.

Na lareira, um fogo lento aquecia o ambiente quando Babeli entrou na sala, apressada. Com um sorriso nos lábios, disse apenas:

- É um menino.

André, o velho pastor, repetiu sorridente:

- Um menino!

E assim falando, entrou no quarto. Johann Baptist segurava a mão de Susanne que, por sua vez, tinha nos braços um bebê recém-nascido.

O pastor, sorridente, olhando para o pai do recém--nascido, perguntou:

- Johann como o pai? - referia-se ao nome do bebê.

- Heinrich. Ele se chama Heinrich - afirmou Susanne, como quem já havia escolhido o nome de antemão.

Johann Baptist, sem contradizer a esposa, reafirmou:

- Então, que seja Johann Heinrich.

- Johann Heinrich Pestalozzi - afirmou o pastor, sorrindo.

Era o dia 12 de janeiro, quarta-feira, um dia frio e branco-acinzentado, mas um raio brilhante e quente de sol entrou pela janela do quarto.

O pequeno Heinrich, então com 5 anos, entrou em casa correndo. Susanne o abraçou com um carinho imenso.

Heinrich sorria feliz quando percebeu que os olhos de sua mãe estavam vermelhos. Uma lágrima escorria em sua face. Do colo da mãe, Heinrich viu seu irmão Johann Baptist sentado em silêncio na sala, segurando a pequena Bárbara.

Percebeu que algo muito sério acontecia, e seu coração sensível acelerou.

No quarto de seus pais, Johann Baptist segurava a mão de Babeli e lhe implorava:

- *Em nome de Deus, por caridade* - sua voz saía entrecortada -, *não abandone minha família. Susanne se sentirá perdida... não deixo recursos suficientes... temo que ela não consiga conservar meus filhos reunidos...*

Bárbara Schmid, empregada da casa, chamada carinhosamente de Babeli, era uma mulher notável, que merecia inteira confiança de Johann Baptist, seja pela sua eficiência, seja pela sua fidelidade e pelo amor que demonstrava pelas crianças.

Sentindo que vivia seus últimos instantes, Johann Baptist lhe implorava auxílio para sua família. Era descendente de ilustres famílias italianas, sendo que Giovanni Pestalozzi se mudara para Zurique, casando-se em 1567 e dando início à genealogia da família Pestalozzi na Suíça. Seu pai, André Pestalozzi, era pastor na Igreja de Höngg, homem inteligente, gentil e caridoso, mas de poucos recursos.

Johann Baptist era médico em Zurique, mas deixaria apenas modesta herança à sua família e não tinha a quem recorrer naquele triste momento. Mas Babeli acalmava sua alma ansiosa.

- *Não abandonarei vossa família se morrerdes. Ficarei junto a Susanne enquanto tiver necessidade de mim.*

Johann Baptist suspirou aliviado, mas ofegante, lançando um olhar de gratidão a Babeli. Algumas horas depois, deixou o corpo físico, retornando à pátria Espiritual.

Era o ano de 1751 e, por muitos anos, Babeli permaneceu junto a Susanne, auxiliando-a em todos os momentos de sua vida.

Babeli cuidava da casa e procurava economizar nas compras, indo ao mercado mais tarde a fim de conseguir preços mais baixos, quando os mercadores, cansados, preparavam-se para voltar para suas casas. As crianças não eram incentivadas a brincar na rua para conservarem suas roupas e as melhores só eram usadas aos domingos.

Foi assim que Pestalozzi cresceu entre duas mulheres extraordinárias, um avô amoroso e caridoso, e o tio Hotze, irmão de Susanne, que era médico.

A Infância de Pestalozzi

- *Heinrich, venha...*

O garoto Nolan tentava envolver Heinrich nas brincadeiras dos pequenos, mas ele permanecia distraído, envolvido em seus próprios pensamentos.

- *Deixe o "esquisito"... venha Nolan* - dizia outro garoto.

- *Heinrich, o esquisito da terra dos tolos* - repetia outro.

E, realmente, para os garotos de sua idade, Heinrich era bem esquisito. Tímido e desajeitado, vivia retraído, fechado em si mesmo, isolando-se dos demais companheiros.

Assim, era Heinrich Pestalozzi. Não gostava da escola e era desatento quando as aulas não lhe interessavam.

Para muitos historiadores, esse retraimento quanto às brincadeiras infantis da época teve como causa o fato de ter sido criado por duas mulheres que o tratavam com excessivo cuidado. No entanto, a alma do pequeno Heinrich despertava muito cedo, deixando vir à tona, embora gradualmente, o perfume sublime de sua alma elevada.

Tanto é verdade que, quando o assunto lhe interessava, Heinrich aprendia muito depressa. Prestava especial atenção nas aulas que lhe despertavam interesse, aprendendo com rara facilidade.

Fato interessante de sua infância foi o seu primeiro encontro "casual" com aquela que seria a mulher que maior influência exerceria em sua vida.

Certo dia, o pequeno Heinrich entrou na loja de doces de um rico comerciante chamado Schulthess, com alguns trocados na mão, com a intenção de gastá-los em doces. Foi quando deparou com os dois grandes olhos de Anna, filha do comerciante, oito anos mais velha do que ele e que lhe disse:

- Você pode fazer algo melhor com seu dinheiro.

Heinrich a olhou com admiração. Tamanha a influência que essa garota exercia sobre ele, que desistiu dos doces, colocando o dinheiro no bolso e voltando para casa.

Essa menina, Anna Schulthess, se tornaria sua grande amiga da juventude e, mais tarde, sua esposa.

Höngg

A Influência do Avô

A porta se abriu, e um rosto magro e triste se transformou em um sorriso:

- Papi! É você!

- Anna! E o pequeno Hans?

André, o velho pastor de Höngg, chamado carinhosamente de *Papi,* e o pequeno Heinrich entraram na pequena casa, onde foram acolhidos com muito carinho.

Heinrich se espantou com a pobreza do local. Pela primeira vez se viu diante da miséria em que viviam os campesinos de Höngg. O pequeno Hans, magro e pálido, estava acocorado em um canto da sala, brincando com alguns pedaços de madeira. Bem diferente dos garotos gordos e corados que conhecia em sua escola.

Não era apenas piedade, mas também amor, o que desabrochou no seu coração. Agachou-se também e começou a brincar com Hans. O sentimento, misto de piedade e amor, permaneceria para sempre em seu coração, até o último instante de sua vida na Terra, quando, aos 82 anos, decidiu empregar tudo o que possuía para criar um orfanato para crianças pobres.

Enquanto isso, o velho pastor, após entregar o remédio do garoto à mãe, abriu sua velha bíblia e leu:

- *Aprendestes que foi dito: Amareis vosso próximo e odiareis vossos inimigos. Eu porém vos digo: Amai os vossos inimigos, fazei o bem àqueles que vos odeiam e orai por aqueles que vos perseguem e vos caluniam...*

Os garotos pararam de brincar e ficaram atentos às palavras do pastor. Após rápida leitura, fez uma curta preleção sobre o texto lido. Os meninos entenderiam suas palavras? Não se sabia o quanto, mas o respeitoso silêncio fazia daqueles minutos um momento solene.

Anna sentiu um certo consolo ao ouvir suas palavras. Seu marido e o filho mais velho passavam o dia em trabalho duro, mas com pouquíssima renda. O pequeno Hans era doente e, não fosse a bondade do pastor, que jamais se esquecia de trazer seus remédios, não saberia como cuidaria de sua saúde.

Ao contrário da alta burguesia da Suíça da época, os campesinos constituíam uma classe explorada, da qual se exigia duro trabalho para uma pequena renda, que apenas dava para a subsistência. As crianças não tinham o direito ao estudo, além do ensino básico e, ainda muito cedo, eram obrigadas ao trabalho duro como os adultos.

Essas visitas junto com o avô calaram fundo na alma sensível de Heinrich e o fizeram engajar-se, mais tarde, na

Sociedade Helvética, juntamente com seu amigo Bluntschli e Anna Schulthess, num maravilhoso idealismo de servir.

Após as visitas às famílias de suas "ovelhas", o pastor caminhava em meio aos bosques, em admiração profunda pela Natureza.

Aqui, era um ninho de passarinho, ali, uma lebre que passava rapidamente, mais além, uma fonte de água pura, onde pararam para descansar e saciar a sede.

Enquanto recolhia algumas folhas do enorme freixo para o chá que combatia seu reumatismo, André aproveitou para falar da Natureza, a maravilhosa obra de Deus.

Heinrich admirava encantado cada detalhe do bosque. Mais tarde, a leitura do *Emílio*, de Rousseau, traria de volta as lembranças desses dias passados com seu avô, bem como o desejo de "voltar" a viver na Natureza, o que o levaria, mais tarde, a Neurof (Fazenda Nova).

A influência do avô em sua vida foi tão grande, que Heinrich decidiu se tornar pastor.

Johann Jakob Bodmer — Johann Jakob Breitinger

Professores do Collegium Carolinum, em Zurique

PESTALOZZI ESTUDANTE

Depois de seus estudos iniciais, Pestalozzi entrou no famoso *Collegium Carolinum* em Zurique. Desistiu de tornar-se pastor e iniciou o curso de Direito.

Célebres e influentes professores marcaram época no *Collegium Carolinum* e insuflaram, nos alunos, o ideal de liberdade e igualdade.

Johann Jakob Zimmermann*, nomeado professor de teologia em 1737, desencarnado em 1757, deixou sua benéfica influência no *Collegium Carolinum.* Dotado de uma sincera piedade, firme, mas tolerante, substituiu a antiga rigidez e severidade por relações amigas entre professores e alunos, ambiente esse que persistia na época de Pestalozzi.

(*) Não confundir com Johann Jacob Zimmermann (1644-1693), teólogo alemão, matemático e astrônomo.

Johann Jakob Breitinger, professor de grego e hebraico, via, na literatura grega, uma fonte de sabedoria. Com notável talento, ensinava seus alunos como se fossem seus filhos.

Johann Jakob Bodmer ensinava história e política e orientava os alunos para que tivessem amor pela justiça e pela liberdade. Criticava os costumes e a organização social do seu tempo, comparando com as virtudes antigas.

Johannes Gessner ensinava matemática e história natural.

Os professores incentivavam os alunos a não se apegarem às riquezas materiais, ao luxo e às comodidades da vida, buscando os prazeres do coração e da mente, simplicidade de costumes, justiça e verdade.

Junto a esses professores, Heinrich, que não demonstrava grande interesse na escola elementar, dessa feita se destacava pelo entusiasmo e rápido progresso.

Em julho de 1762, Bodmer, juntamente com outros professores e alunos, fundou a Sociedade Helvética, que tinha por objetivo o estudo da história da Suíça, o desenvolvimento dos sentimentos patrióticos e ideias de reforma social e política.

Nessa época, as obras dos iluministas já se espalhavam pela Europa, malgrado a pressão e perseguição da Monarquia e do Clero.

As escolas superiores da Suíça acompanhavam as ideias do Iluminismo e do Neo-humanismo.

Foi nesse ambiente que Pestalozzi conheceu Johann Kaspar Lavater, apenas cinco anos mais velho que ele, com quem travou sólida amizade. Conheceu também Henry Füssli, amigo de Lavater, que também estudava teologia, bem como

Johann Konrad Pfenninger, que se tornaria pastor protestante e músico, amigo próximo de Lavater.

Johann Konrad Pfenninger
(1747-1792)

Johann Kaspar Lavater
(1741–1801)

O jovem Heinrich Pestalozzi conheceu também Kaspar Bluntschli, apelidado de *Menalcas,* e Jean-Gaspard Schulthess, estudantes de teologia, e se tornaram amigos inseparáveis.

Jean-Gaspard Schulthess era irmão de Anna Schulthess, mais velha que ele, e que se tornou amiga inseparável de Bluntschli e Pestalozzi, nutrindo os mesmos ideais dos estudantes.

Johann Kaspar Lavater* foi filósofo, poeta e teólogo suíço, entusiasta do *magnetismo animal*, estudado por Mesmer. Pastor protestante, suas ideias eram avançadas para a época, até mesmo para os reformadores suíços.

Em agosto de 1796, Lavater iniciou uma série de correspondências com a Imperatriz Maria Féodorovna, esposa do Imperador Paulo I, da Rússia, em que ele tratava sobre o estado da alma após a morte, a existência de um corpo espiritual, a ideia

(*) Lavater desencarnou em 2 de janeiro de 1801 e reencarnou em Sacramento, Minas Gerais, em 1º de maio de 1880, com o nome de Eurípedes Barsanulfo.

de que o homem sempre colhe o que semeia, detalhes sobre a vida no Mundo Espiritual e a possibilidade de os Espíritos se comunicarem com os homens encarnados, tudo isso antes da Codificação da Doutrina Espírita por Allan Kardec.

Heinrich Pestalozzi não era indiferente a essas ideias.

"Muito veneranda Maria, da Rússia.

Desejais conhecer algumas das minhas ideias sobre o estado das almas depois da morte. (...)

Penso que deve existir grande diferença entre o estado, a maneira de sentir e de pensar de uma alma separada do seu corpo material, e o estado em que se achava quando a ele ligada.(...) Penso que o mundo visível deve ser perfeitamente penetrável para a alma separada do corpo, assim como ele o é durante o sono (...)

Tudo o que se pode, e tudo o que aliás não se pode ainda dizer sobre o estado da alma depois da morte, será sempre fundado neste axioma permanente e geral: o homem colhe o que houver plantado. (...)

Se tiveres semeado o bem em ti mesmo e nos outros, fora de ti, pertencerás à sociedade daqueles que, como tu, semearam o bem em si e fora de si; gozarás a estima daqueles a quem te assemelhaste na maneira de fazer o bem. (...)

Seu peso intrínseco, como que obedecendo à lei de gravitação, atraí-la-á aos abismos insondáveis (ao menos isso assim lhe parece) ou, segundo o seu grau de força, lançá-la-á, qual chispa por sua ligeireza, aos ares, e ela passará rapidamente às regiões luminosas, fluídicas, etéreas. (...)

O bom Espírito elevar-se-á para os bons; será atraído para eles em virtude da necessidade que sente do bem.

O perverso ou mau será forçosamente arrastado para os perversos ou maus. A descida precipitada das almas grosseiras, imorais e irreligiosas, para as que se lhes assemelham, será tão rápida e inevitável como a queda do junco num abismo onde nada o detém."

Zurique, 14 de agosto de 1796.

Johann Kaspar Lavater.

Pequeno trecho de uma das cartas de Lavater

BODMER

Professor Johann Jakob Bodmer

Um enorme silêncio reinava na sala de aula, ouvindo-se apenas as palavras do professor:

- *A Confederação Helvética existe desde 1291... O Cantão de Uri, o cantão de Schwyz e de Unterwald deram início à Confederação... O Cantão de Lucerna aderiu à união em 1332, Zurique em 1351 e Berna em 1353... O Tratado de Vestfália pôs fim à Guerra dos Trinta Anos e reconheceu a Confederação Suíça, mas...*

Os olhos de Heinrich brilhavam de admiração pelo professor Bodmer. Aliado ao estudo da História, Bodmer levava os alunos a antever uma Suíça diferente, com menos desigualdades e sem corrupção.

O futuro da Confederação era, então, discutido com os alunos em sala de aula e nas reuniões da Sociedade Helvética.

Inspirados pelos professores, os "patriotas"se reuniam às quartas-feiras quando discutiam as ideias dos iluministas franceses, as três formas de governo, a educação do povo, o estado, a Igreja, os direitos de governar, o retorno à Natureza e outros assuntos.

Neste grupo, elos de forte amizade se formaram entre Kaspar Bluntschli, Jean-Gaspard Schulthess, sua irmã Anna Schulthess e Pestalozzi.

Bluntschli, que entre os patriotas utilizava o cognome de *Menalcas* (personagem de um épico greco-romano), era um Espírito inteligente e sensível, dotado de uma bondade natural e de um idealismo intenso.

Anna Schulthess nasceu em 9 de agosto de 1738, sendo quase oito anos mais velha que Pestalozzi; era alta e bonita, recebeu esmerada educação, falava fluentemente o alemão e o francês, além de ser musicista e poetisa.

Seu pai era negociante, mas também tinha interesse em arte e literatura, e sua casa era frequentada por amigos intelectuais.

Anna sempre participava das discussões de Gaspard, seu irmão, com seus amigos. Assim, conheceu Pestalozzi e Bluntschli.

Pestalozzi nutria uma grande afeição por Anna Schulthess, no entanto, permanecia calado ao ver que existia uma forte ligação entre ela e Bluntschli.

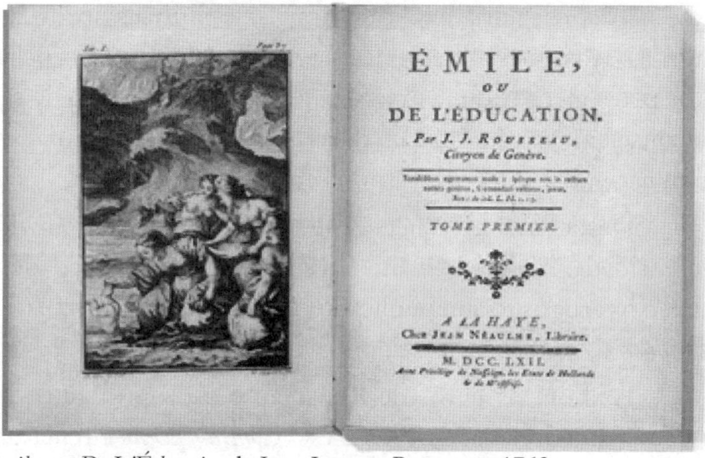

Émile, ou *De L'Éducation* de Jean-Jacques Rousseau, 1762

PESTALOZZI E EMÍLIO, DE ROUSSEAU

Início do verão de 1762. As primeiras estrelas já brilhavam no céu azul de Zurique quando Pestalozzi começou a ler:

"Tudo é bom ao sair das mãos do Autor das coisas. Tudo degenera nas mãos do homem. Ele obriga uma terra a nutrir as produções de outra; mistura e confunde os climas, as estações; mutila seu cão, seu cavalo, seu escravo; transforma tudo, desfigura tudo; ama a deformidade, os monstros; não quer nada como o fez a Natureza, nem mesmo o homem; tem de ensiná-lo para si, como um cavalo de picadeiro; tem que moldá-lo a seu jeito como uma árvore de seu jardim."

Pestalozzi leu o *Emílio* de Rousseau com enorme emoção e entusiasmo. Sentiu-se invadido por estranhas sensações que não conseguiria explicar. Amigos espirituais aproveitaram as sensações mnemônicas e auxiliaram o desabrochar dos pensamentos que vibravam no universo psíquico de seu inconsciente profundo. As ideias de Rousseau lhe pareciam familiares, e o *Emílio* se tornou seu livro de cabeceira.

Desde então, Pestalozzi se pôs a escrever com maior intensidade. As ideias fluiam em sua mente com facilidade, e diversos artigos foram publicados no periódico *Memorial* (*Der Erinnerer*), cujos editores eram Lavater e Füssli.

Embora os livros de Rousseau e o próprio autor tenham sido condenados, *Emílio* e *O Contrato Social* circulavam clandestinamente tanto na França quando na Suíça.

Quando Rousseau se refugiou na Suíça, professores e alunos de várias partes desse país o visitaram em Motier, no cantão de Neuchâtel. Quando Pestalozzi se decidiu a ir visitá-lo, Rousseau já havia partido para a Inglaterra. Os dois homens, ligados por laços profundos, jamais se encontraram nesta existência.

Quando, em 1762, Rousseau foi condenado em Genebra pelos seus livros *Emílio* e *O Contrato Social*, o povo de Genebra entrou em atrito contra o governo e a aristocracia. Tais eventos tiveram grande impacto em Zurique, onde os "patriotas" se colocaram ao lado do povo. Rousseau, com as ideias de amor à Natureza, vida no campo, a simplicidade de costumes e as propostas de governo, foi considerado um verdadeiro herói.

Em 1766, a situação se agravou em Genebra, e o governo de Zurique se propôs a enviar tropas para lá. Foi, então, que Müller, um jovem teólogo, escreveu um artigo "*Proposta dos Camponeses*" que foi lido por um pequeno grupo, mas cujas cópias acabaram circulando em público.

"Os cidadãos de Genebra têm o direito de adotar qualquer curso que lhes agrade, pois a liberdade de um povo consiste em serem capazes de organizar o seu governo como lhes convém. Além disso, foi formalmente estipulado que os cidadãos poderiam aprovar ou rejeitar as medidas constitucionais. Agora, eles rejeitaram a mediação de uma grande maioria..."

As autoridades suspeitaram de uma conspiração e, em janeiro de 1767, tentaram prender Müller, que conseguiu fugir para Berlim. Pestalozzi e alguns outros alunos foram injustamente acusados e presos. Foi, nessa época, que todos os manuscritos de Pestalozzi foram queimados, com exceção de Agis, um artigo datado de 1765.

A publicação do *Memorial* (*Der Erinnerer)* foi proibida.

Pestalozzi foi tido como um perigoso revolucionário e encerrou sua carreira de direito.

Anoitecia, quando Bluntschli e Pestalozzi chegaram à casa de Jean Gaspard Schulthess. Anna se reuniu ao grupo e iniciaram franca e animada discussão.

De repente, Bluntschli começou a tossir, expelindo sangue e sentindo-se muito mal.

Apesar dos cuidados de Anna e de Pestalozzi, na manhã de domingo de 24 de maio de 1767, Bluntschli* desencarnou, aos vinte e quatro anos, sendo recebido por imensa equipe espiritual que acompanhou as atividades dos "patriotas".

Lá fora, o Sol da primavera raiava sobre as flores multicoloridas, contrastando com a tristeza que reinava nos corações dos amigos.

Os encontros continuavam sem a presença do amigo querido, sempre exaltado pelas suas qualidades de espírito.

(*) Muitos autores confundem Kaspar Bluntschli, o "Menalcas", amigo de Anna e Pestalozzi, com Johann Kaspar Bluntschli, jurista e político que viveu entre 1808 a 1881. Outros citam erroneamente a data de 1781 para a morte de Bluntschli, o que seria impossível.

Depois de algum tempo, Pestalozzi declarou a Anna o amor que sentia.

- Já sentia esse afeto, mas não queria admitir... tentava lutar, mas em vão... Mas o que eu quero é a sua felicidade, mais do que a minha.

Uma intensa correspondência se estabeleceu entre ambos, tendo sido trocadas cerca de cento e vinte cartas entre 1767 e 1769.

Mas os pais de Anna se opuseram ao casamento, considerando que Heinrich era mais sonhador do que prático, não tinha as qualidades de um chefe de família e, portanto, não merecia confiança.

Neuhof ou Fazenda Nova, em Birr

Pestalozzi em Neuhof

Em Zurique, a agricultura se tornou o grande tema entre os jovens, influenciados pelos professores e por Gaspard Schulthess, que se encontrara com Rousseau em Genebra, antes de sua condenação, tornando-se um dos divulgadores de suas ideias sobre a Natureza e, portanto, sobre a agricultura.

Pestalozzi, decepcionado com o rumo de sua própria vida, voltou para o campo e para a agricultura.

Johann Rudolf Tschiffeli possuía uma fazenda modelo em Kirchberg, cidade vizinha de Burgdorf.

Tschiffeli adquiriu enorme reputação pela forma como cultivava seus campos e pelas experiências com certas culturas, em especial com garança, erva cujas raízes fornecem substâncias corantes.

Pestalozzi passou um ano com Tschiffeli, aprendendo sobre o trabalho na fazenda.

Fazendo planos para sua própria fazenda, escreveu para Anna com entusiasmo :

> - *Você acha, minha bem-amada, com justa razão, quando falo em colocar toda minha força, todo meu pensamento, todo o meu zelo em cuidar dessas culturas simples, estando confiante de que teremos o suficiente para sustentar a necessidade de uma modesta família que vive no campo e que vive, principalmente, do produto de seu domínio?*

Anna se sentiu confiante e com esperança, mas a família continuou opondo-se, especialmente sua mãe, que temia pela sua felicidade.

No início do outono de 1768, Pestalozzi, cheio de entusiasmo, adquiriu uma área de bom tamanho perto da cidade de Birr, iniciando seu empreendimento agrícola.

Com um empréstimo de um Banco de Zurique, de trinta e cinco mil francos, iniciou a construção de sua casa.

Enquanto isso, ele residia em uma pequena casa em Mülligen, às margens do rio Reuss, cerca de trinta quilômetros de Zurique.

Pestalozzi sofreu no isolamento, enquanto que, em Zurique, seus amigos, Lavater e Füssli, bem como Susanne e o Tio Hotz, irmão de Susanne, defendiam sua causa junto aos pais de Anna Schulthess, mas em vão.

Sua mãe, Susanne, nessa época, dividia seu tempo entre o filho e o sogro, em Höngg, já envelhecido e doente. Babeli permanecia em Zurique.

Pestalozzi trabalhava duro no campo, supervisionando a construção de sua casa em belo estilo italiano, com a fachada para o sul e seis grandes janelas. O Sol iluminava quatro quartos, um dos quais se abria para um jardim.

Anna, dividida entre o amor de Pestalozzi e seus familiares, decidiu-se, à revelia da família, e se casou com Heinrich no dia 30 de setembro de 1769.

O casamento foi simples, apenas na presença de alguns amigos e de seu irmão Gaspard. Anna estava com trinta anos, e Pestalozzi, com vinte e três.

Tempos depois, eles se mudaram para Neuhof, antes mesmo de terminarem totalmente a construção da casa.

Anna Schulthess

Neuhof - Birr

O cheiro de pão feito na hora invadia a casa. Anna e Pestalozzi cozinhavam uma fornada de pães para distribuir aos pobres, quando o Senhor e a Senhora Schulthess chegaram em visita.

Embora grande e espaçosa, a casa era simples e não estava de todo acabada. O chão ainda era forrado com feno.

A mãe abraçou Anna, emocionada, enquanto o velho comerciante conversava com Pestalozzi. Homem experiente em negócios, não concordava com os planos de seu genro, mas brotava em seu coração uma admiração por aquele homem, ainda jovem, mas cheio de um ideal puro, que chegava a pensar nas necessidades dos mais pobres, esquecendo-se de suas próprias necessidades.

Este foi um dia calmo em que os Schulthess conseguiram penetrar um pouco mais fundo na alma do jovem Pestalozzi.

Hans Jakob

HANS JAKOB

Quando, em 1770, nasceu seu filho, Pestalozzi lhe deu o nome de Hans Jakob *, homenagem a Jean-Jacques Rousseau.

Pestalozzi tentou educá-lo seguindo as ideias de Rousseau em sua obra *Emílio* e colocando Hans em contato direto com a Natureza e as coisas.

As ideias de Pestalozzi, sobre educação, já se manifestavam neste momento, anotadas em um diário, embora Hans Jakob se revelasse uma criança frágil e com delicada saúde.

"Mostrei-lhe a água correndo rapidamente através da encosta da colina.

(*) Hans Jakob é a tradução alemã de Jean-Jacques

Mostrei-lhe que a madeira nadava em água, enquanto o ferro afundou na lama.

Ensinei-lhe os nomes em latim das partes externas da cabeça. Através de exemplo, o fiz entender o significado de palavras como acima, abaixo, ao meio, ao lado...

Mostrei-lhe o derretimento da neve...

Tentava eu ensinar-lhe o significado dos números cujos nomes ele sabe, mas sem atribuir qualquer sentido. É um grande obstáculo na maneira de conhecer a verdade quando as palavras são conhecidas distantes das coisas.

Não se devia pronunciar palavras importantes sem cuidar ao mesmo tempo de dar uma ideia clara do seu significado. Seria melhor não lhe dar o nome "três" até que ele pudesse reconhecer o significado do número em todos os exemplos possíveis.

A comparação da figura matemática e a sua grandeza é algo a ser ensinado aos jovens.

O cuidado do seu jardim, o recolhimento de todos os tipos de plantas, a coleta de crisálida e insetos, mantê-los em ordem, é uma preparação para a vida social.

É um golpe para a ociosidade e a ignorância. No entanto, tudo isso é removido da nossa educação."

Mas Jakob se sentia adoentado, algumas vezes com ataque de febre, deixando de corresponder à expectativa de Pestalozzi. Todavia, talvez por isso mesmo, Pestalozzi tenha se desdobrado sempre em favor das crianças mais problemáticas.

Pestalozzi tinha um empregado em Neuhof chamado Nicholas. Como gostava de pesquisar as ideias das pessoas que tinham sido criadas naturalmente e livres, ensinadas pela vida e não por livros, certa vez, questionou seu empregado:

- Nicholas, você acha que Jakob tem boa memória?

- Sim. Mas você o está sobrecarregando.

- Mas se a criança fosse sobrecarregada acho que iria notar. Ele iria desanimar, ficar nervoso e inquieto.

- Ah! Você se incomoda com a resistência e a felicidade de seu filho. Pensei que estava se esquecendo disso.

- Ah, Nicholas, toda a instrução não vale um centavo se ganha a custo da coragem e da alegria. Por enquanto, estou satisfeito. Ele aprendeu de bom grado.

E Pestalozzi comenta, quase repetindo Rousseau:

- Levar o seu filho pela mão para o grande teatro da Natureza, instruí-lo nas montanhas e nos vales, fará seu ouvido mais aberto para o ensino. A liberdade vai lhe dar mais força para vencer as dificuldades. Nessas horas, deixe a Natureza agir por si, em vez de ensinar você.

- A criança deve obedecer a um guia sábio, um pai que o conduz corretamente, mas ela não deve ser condenada a menos que haja necessidade para isso. Nunca deixe suas ordens serem o resultado de capricho ou vaidade.

- A fim de assegurar a obediência é preciso que as crianças entendam corretamente o que lhes é exigido.

Mais tarde, essas ideias ressurgiram de maneira fantástica em suas obras teóricas. No diário, ainda encontramos detalhes da experiência de Pestalozzi com Jakob.

> *"Jakob se mostrou obstinado e violento, e fui obrigado a repreendê-lo.*
>
> *A fim de proteger contra a obstinação e prevenir a repetição diária das mesmas reprimendas, devo cuidar em alternar aulas e diversão, de modo a não privá-lo desnecessariamente da liberdade e determinar o momento em que ele deve se dedicar ao estudo."*

Pestalozzi vigiava a si mesmo, estudando suas próprias falhas. E, ao estudar suas própria falhas, chegou ao ponto crucial que também chegou Rousseau: a linha limite entre liberdade e obediência.

> *"Às vezes, fico incomodado por usar um tom de autoridade de um mestre. Onde devo traçar o limite entre a liberdade e a obediência que a vida social exige de nós muito cedo?*
>
> *A experiência mostra que as crianças que tenham sido submetidas a muitas restrições se tornam indisciplinadas. Restrições excitam várias paixões.*
>
> *Liberdade, guiada pela sabedoria, leva a criança a ter um olhar mais atento e ouvidos receptivos, favorecendo a alegria, a tranquilidade e a igualdade.*
>
> *Mas essa liberdade pressupõe uma educação que torna a criança sujeita a se ligar à natureza das coisas e não sujeita à vontade dos homens.*
>
> *Há casos extremos em que a liberdade da criança seria a*

sua ruína e, até mesmo na mais favorável circunstância, é impossível não tolher sua vontade, às vezes.

O próprio Rousseau reconhece a condição de dependência quando fala de homens de caráter impetuoso, que é necessário conter em sua juventude, se sua infância tiver sido inteiramente livre.

A vida social requer talentos e hábitos que é impossível formar sem ferir a liberdade.

Onde está a falha? Onde está a verdade? Liberdade é boa, assim também a obediência. Devemos unir o que Rousseau separou. Impressionado com os vícios decorrentes de uma restrição artificial que rebaixou a humanidade, ele não encontrou os limites à liberdade."

Aqui estão os germes da teoria destacada mais tarde, quando escreveu *Minhas indagações sobre a Marcha da Natureza no Desenvolvimento da Espécie Humana*, que Pestalozzi definiu como um processo progressivo no desenvolvimento humano, passando de um estado natural para um estado social e, finalmente, para um estado moral.

"Tudo o que pode ensiná-lo a partir da Natureza das coisas não deve ensiná-lo por palavras. Deixe-o ver por si mesmo, ouvir, descobrir, tropeçar, subir novamente e se enganar. Não ensine com palavras quando a ação é possível. O que ele pode fazer por si mesmo deve deixá-lo fazer. Deixe-o sempre ocupado, sempre ativo. Você aprenderá que a Natureza pode ensiná-lo melhor do que os homens.

Ele deve confiar em você. Sempre que ele quiser alguma coisa que você não aprova, diga-lhe as consequências e deixe-o livre para a escolha. Mostre-lhe o caminho certo e, se ele se desviar e cair na lama, levante-o.

Deixe-o sofrer as consequências de não ter escutado seus conselhos e ter buscado total liberdade. Dessa forma, aumentará sua confiança em você e não parecerá difícil aceitar as advertências de um mestre sábio, um pai, que apenas adverte em caso de necessidade."

Embora o esforço de Pestalozzi em educá-lo, Jakob se apresentava sempre adoentado, progredindo muito pouco.

Apesar de toda a dedicação e trabalho duro realizado por Pestalozzi em Neuhof, a agricultura não prosperava. A terra não era tão fértil como se esperava. A cultura de legumes e de garança não dava resultado.

Abatido, Pestalozzi viu desmoronar o sonho de sua vida.

- *O sonho de minha vida, a esperança de uma grande e abençoada atividade que daria tranquilidade a minha casa, tudo desapareceu...*

Anna investiu sua própria herança e, com a ajuda de sua mãe e amigos, Pestalozzi conseguiu pagar as dívidas mais urgentes e salvar a situação.

Pestalozzi ainda tentou outras saídas, como uma indústria de fiação e tecelagem, mas tudo em vão.

Mais tarde, ele escreveria em sua obra *O Canto do Cisne*:

"*O motivo do fracasso de minha empresa não estava na terra, mas estava essencialmente em mim mesmo, em minha patente incapacidade para toda espécie de empreendimentos que requerem qualidades acentuadamente práticas. Todo o mundo sabia disso, menos eu.*"

A Escola em Neuhof

Pestalozzi, envolvido em um sobretudo surrado, aproximou-se de dois garotos que tremiam de frio. Retirou seu agasalho e envolveu os meninos. Seu olhar refletia compaixão e amor, suas mãos afagavam os cabelos dos meninos, e sua mente buscava uma solução, então, Pestalozzi se viu envolvido por imenso raio de luz a clarear seus caminhos futuros.

Esta cena se repetiu várias vezes naquele inverno de 1774, quando vamos encontrar Pestalozzi andando pelas aldeias e estradas da região de Birr, recolhendo crianças pobres e reunindo-as em sua própria casa.

A crise de 1770 não atingira apenas Neuhof, mas muitas empresas agrícolas da região, deixando muita gente desempregada, lançando muitas famílias à miséria.

Muitas crianças, abandonadas pela família, viviam mendigando e se tornavam vagabundas, dadas à mentira e até ao roubo. A visão daquelas crianças, que perambulavam pelas estradas, despertou em Pestalozzi o sonho antigo de trabalhar pela educação popular e pelas crianças pobres.

Tornou-se mais que um professor, mas um verdadeiro pai para as criancas que ele cuidava, amava e educava.

Instalou teares pequenos e organizou grupos de trabalhos manuais. Ensinou linguagem, levando as crianças a se expressarem corretamente, a escreverem, e a terem noções de matemática, de ciências, prática agrícola e evangelização.

Anna, com o mesmo idealismo, supervisionava todas as atividades, orientando as crianças com muita dedicação e carinho.

- *Luka, você tem que levantar e abaixar os fios com o pente, assim... agora vai passando a trama entre os fios.. segure firme a navete... isso...* - Anna tentava ensinar o garoto a manusear o tear, enquanto, em outra sala, Heinrich ensinava leitura e escrita.

Início da noite, as primeiras estrelas já brilhavam no céu azul de Birr, e a voz de Anna se fazia ouvir em meio ao silêncio geral, ensaiando pequeno trecho adaptado de uma cantiga tradicional alemã.

Desperta, a voz nos chama.

Do vigia do alto da muralha.

Desperta, ó Jerusalém!

Sinos batem à meia-noite.

Pestalozzi contava a parábola do bom samaritano, exaltando as virtudes cristãs. Era aula de evangelização e Pestalozzi se baseava no Evangelho de Jesus.

Pestalozzi e sua esposa Anna

Em outros dias, ensinava prática agrícola, cultivando legumes e verduras. Batata, beterraba, couve e cenoura, dentre outros, sobreviviam bem ao frio, mas a produção dava apenas para consumo próprio. Pouco sobrava para a venda e aquisição de recursos para toda a despesa que aquela escola gerava.

A ideia era uma escola que se autossustentasse e que a produção cobrisse todas as despesas.

Pestalozzi era um idealista, sonhador e apaixonado pela educação popular, mas também era imprevidente e afoito. Com recursos limitados, não conseguia suportar as despesas e foi aconselhado a pedir ajuda aos simpatizantes da obra.

No início de 1776, Pestalozzi fez um apelo, através do jornal *Efemérides da Humanidade*, aos amigos e benfeitores da humanidade que quisessem apoiar o trabalho de educação e preparação das crianças pobres do país.

> *"Dirijo-me aos amigos e benfeitores para pedir-lhes apoio a uma instituição que não pode mais ser mantida pelos meus próprios recursos..."*
>
> *"Eu tenho visto, em um país pobre, a miséria das crianças... a dureza e o egoísmo com que foram tratadas, privando-as da força do corpo e da mente. Eu as vi crescer sem qualquer sentimento ou força necessária para si ou seu país.*
>
> *"Minha terra, perto de Koenigsfelden, foi favorável para realizar o que meu coração pedia e que eu acreditava poder suportar por meio que, então, falhou. Mas a experiência de mais de um ano, durante o qual as primeiras dificuldades têm sido superadas, comprova a viabilidade dos meus planos e esperanças."*

Pestalozzi prometeu dar um relatório detalhado do progresso do ano de trabalho, pedindo para confiarem nele e ajudá-lo. A maior ajuda veio do próprio editor do jornal, Iselin.

O número de crianças crescia sempre, e Pestalozzi escreveu ainda outras cartas, publicadas por Iselin.

Nessa época, alguns pais vieram buscar os filhos por causa de suas roupas. Anna ficou seriamente doente por um longo período e, apesar dos cuidados e da limpeza geral, várias crianças tiveram sarampo. E, com tudo isso, as lavouras ainda sofreram, por três vezes, fortes tempestades de granizo.

Bárbara entrou na cozinha às correrias e cantando alto. A boa cozinheira não a repreendeu, mas, pelo contrário, sorriu feliz.

- *Emma, Emma... ensine-me mais algumas coisas. Prometo que lhe ajudo na cozinha...*

- *Venha, filha. Vou lhe ensinar o "älplermakrone". Descasque as batatas e deixe com água salgada... coloque o macarrão, coloque o queijo ralado e o creme... mexa até o queijo derreter. Na hora de servir, coloque as rodelas de cebola frita sobre ...*

Bárbara Brunnery estava com dezessete anos, mas quando chegara, três anos antes, estava abatida, adoentada, demonstrando completa ignorância. Agora, ela cantava, lia e escrevia muito bem e adorava ocupar-se na cozinha ao lado de Emma.

Assim, era com quase todas as crianças e jovens. Alguns, no entanto, passado algum tempo, deixavam o local, sem se adaptarem àquela vida. Muitos, no entanto, tornaram-se adultos inteligentes e honestos.

Na primavera de 1778, colaboraram com Pestalozzi: Madelon Spindler, de Estrasburgo, mulher de grande talento, tecelões treinados, um professor de leitura e escrita, dois homens e duas mulheres que se ocupavam do trabalho agrícola.

Mas alguns meninos, já acostumados à vida livre, não se adaptavam e acabavam fugindo. Alguns fugiam à noite, carregando suas roupas novas. Alguns pais, que contavam com lucros do trabalho dos filhos, ameaçaram Pestalozzi, que tinha vestido e alimentado seus filhos com o que tinha de melhor, deixando o pior para si mesmo.

Estes acontecimentos tiveram influência sobre os apoiadores do trabalho, e as contribuições diminuíram.

Pestalozzi não desanimou, trabalhando além de suas forças, tendo ao lado sua esposa, que trabalhou até perder a própria saúde. A luta continuou ainda por dois anos, até que, em 1780, esgotados todos os seus recursos, a escola foi fechada.

Quase todos os seus bens foram para pagar as dívidas, ficando-lhe apenas a casa e uma pequena gleba de terra em volta.

Pestalozzi se tornou tão pobre quanto os mendigos que ele ajudara. Além da casa, não lhe sobrara mais nada. Sua esposa estava doente e incapaz de cuidar dos trabalhos domésticos, e ele, desanimado e desgastado pelo trabalho. Chegaram a passar frio e fome.

Difícil, nos dias de hoje, imaginar a angústia que ele sentiu ao ver desmoronar seu sonho e perder a confiança dos cidadãos da região. Até mesmo seus amigos perderam a fé em seu trabalho. Mas o que mais lhe doía era a condição deplorável em que chegara sua esposa, esgotada, doente, e, ambos, passando por terrível dificuldade financeira.

Foi, nesse momento de terrível angústia, quando chegava às raias do desespero, que Pestalozzi recebeu a visita de uma mulher que lhe ofereceu os seus serviços.

- Ouvi dizer que você precisa de ajuda. Posso ajudá-lo nos serviços da casa e do jardim.

- Mas... não tenho como lhe pagar - Pestalozzi recusou.

- Ora... eu vim até aqui e pretendo ficar - e, sem ouvir os protestos de Pestalozzi, Elizabeth se pôs a trabalhar. Neuhof estava em terrível estado de desordem, mas, em pouco tempo, aquela mulher conseguiu restaurar o conforto daquela casa.

Elizabeth Naef * chegou a Neuhof com uma pequena bagagem e suas parcas economias. Já conhecia Pestalozzi de outros tempos e, quando ouvira sobre a sua ruína, viera em seu auxílio e nada demovera aquela mulher firme e dedicada de seu objetivo.

Sem nada cobrar ou pedir em troca, Lisabeth, como era carinhosamente chamada, conseguiu trazer certo equilíbrio àquela casa e um pouco de paz à Anna.

Mas Pestalozzi sentia-se fracassado, deixando-se en-

(*) Elizabeth Naef é a mesma Elizabeth Krusi, colaboradora de Pestalozzi em Yverdon. Em 1801, ela se casou com Krusi, irmão do professor que colaborava com Pestalozzi, adotando esse nome.

volver por um sentimento de culpa pelo estado da esposa. O prognóstico dos pais de Anna se realizara. Sua obra fracassara totalmente. Seu desânimo era tão grande que afetava sua saúde. Mesmo dotado de forte intuição e sensível à inspiração, ele não conseguia receber as ideias dos amigos Espirituais que o rodeavam.

Iselin e Pestalozzi em Schinznach, a oeste de Neuhof.

Pestalozzi escritor

Entardecia quando Iselin se encontrou com Pestalozzi. Na noite anterior, sonhara com ele escrevendo páginas e páginas e, impulsionado por forte intuição, procurou o amigo, encontrando-o em lamentável estado de ânimo.

Isaak Iselin era um homem culto, membro da Sociedade Helvética e, naquela época, editor de *Efemérides da Humanidade*. Homem bom, como Pestalozzi, também auxiliava os pobres e doentes de sua cidade. Era um dos poucos amigos que ainda mantinha a fé e a confiança nos projetos de Pestalozzi.

- *Sim, meu amigo. Parodiando Rousseau, se não pode pôr a mão na massa, ponha a mão na pena. Escreva... coloque no papel as ideias que inspiraram o seu trabalho. Com tudo o que lhe aconteceu, você adquiriu maior experiência... escreva.*

Pela primeira vez, depois de muito tempo, Pestalozzi sorriu.

Nova e intensa luz brilhou em sua mente. Novo estado de ânimo, esperança e confiança começaram a penetrar em sua alma cansada.

E, durante esse novo período de sua vida, Isaak Iselin foi seu amigo, seu apoio, seu conforto.

Isaak Iselin

AS HORAS NOTURNAS DE UM ERMITÃO

Noite alta! O céu estava estrelado em Neuhof naquela noite da primavera de 1780. Pestalozzi, absorto em profundos pensamentos, deixava o coração se envolver pela esperança. Amigos espirituais o inspiravam, a intuição se aguçava e, seguindo o fluxo do pensamento, ele rabiscou:

"*A fonte de toda felicidade...*" - respirou fundo, buscando a fonte das ideias que se delineavam em sua mente... e continuou: "*Deus... o sentimento de Deus... o sentimento paternal de um governante...*" - riscou o que escreveu, reescreveu, ainda hesitante.

Então, um fluxo impressionante de ideias jorrou em sua mente, e ele escreveu num *continuum*:

"Os seres humanos, seja sobre um trono ou debaixo de um abrigo de palha, são iguais. O que é um ser humano em sua natureza? Por que os homens sábios não nos dizem o que é um ser humano? Um agricultor que precisa de bois na fazenda conhece o seu gado. Um pastor estuda a natureza de suas ovelhas...

"Você, que necessita do serviço do homem e diz que o protege e alimenta, assume o mesmo problema que um agricultor com seus bois? (...)

"Por que o homem não estuda sua verdadeira natureza? Por que ele não procura a verdade que lhe trará conforto e alegria em sua vida, a verdade que lhe dará a satisfação íntima, que desenvolve suas várias faculdades, que o consola em seu cotidiano e faz seus anos felizes? (...)

"Impulsionado por sua necessidade, um ser humano encontra o caminho para a verdade na profundidade de sua natureza."

"A criança, ao ser alimentada, aprende o que sua mãe significa para ela, o amor e a gratidão despertam em seu coração antes que as palavras amor e gratidão sejam ouvidas. E um filho que come o pão de seu pai e que se mantém aquecido junto a ele, encontra a bênção de sua vida e reconhece naturalmente seu dever como criança. "

Jean Piaget diria mais tarde que o que leva o homem a agir é a necessidade. Essa ação, ou interação com o meio, fruto da necessidade, é o que leva o indivíduo à construção de sua própria inteligência e não simplesmente a ouvir lições teóricas.

Piaget, que citou Pestalozzi no Tomo XV da *Enciclopédia Francesa,* demonstrava conhecer suas obras e admirar suas ideias, salvo a ideia central de que a criança já trazia em si os germes da razão e dos sentimentos morais.

Já nessa época, Pestalozzi lançou as bases da teoria que seria desenvolvida mais tarde. Nessa obra, ele já afirmou:

> *"Todos os poderes puros e beneficentes da humanidade não são nem o produto da arte, nem os efeitos do acaso. Eles existem virtualmente na natureza íntima de todos os homens. O seu desenvolvimento é uma grande necessidade da humanidade.*

Pestalozzi se emocionou, recordando os ideais que o impulsionaram na época de estudante. A leitura de *Emílio* lhe veio à mente. O inconsciente profundo abriu suas comportas e sensações mnemônicas lhe invadiram o ser. A exaltação do caminho natural que a própria Natureza traça ao homem em contraposição a uma vida artificial, a ignorância mesclada com um feroz egoísmo o levou a buscar a verdadeira educação, a exemplo de Rousseau, na Natureza.

> *"A visão da vida e a missão individual do ser humano estão no livro da Natureza. Neste livro, estão o poder e a ordem do sábio instrutor chamado Natureza. Toda educação escolar que não é baseada nesta forma de educação é enganosa."*

Assim, foi surgindo a obra "*As Horas Noturnas de um Ermitão*"*, que Iselin publicava em sua *Efemérides*, mas que seria impresso em um único volume, depois.

> *Homem - pai de seus filhos - não pressione em demasia a faculdade de seus filhos antes que suas mentes estejam mais fortes por sentir as coisas reais ao seu redor. E tenha cuidado com a severidade e o esforço excessivo.*
>
> *Embora a força da Natureza conduza de forma inelutável para a verdade, nada existe constrangendo essa orientação.*

(*) Dia Abendstunde eines Einsiedlers

Quando um rouxinol canta no escuro, todas as coisas da Natureza se movem em refrescante liberdade, e em lugar algum existe a menor sombra a obstruir a Ordem. (...)

Se um ser humano é conduzido com parcialidade ou forçado para um objetivo, ele perde o equilíbrio, o poder da sabedoria. Portanto, o método de educar da Natureza nunca é coercitivo.

As ideias fluíam com rapidez impressionante em sua mente. Era como se as ideias, bloqueadas pelas preocupações com a construção de sua casa, com a manutenção de sua obra e, por fim, com a própria sobrevivência, arrebentassem as comportas mentais e jorrassem em abundância.

"*As Horas Noturnas de um Ermitão*" não atraiu tanto a atenção dos leitores, possivelmente pelo seu estilo um pouco árido, contendo uma coleção de pensamentos e reflexões.

Mas quando o editor e livreiro Füssli recebeu um texto escrito por Pestalozzi, afirmou para vários amigos presentes:

- *Quem pode escrever dessa maneira não tem necessidade de mais nada além de sua pena para ganhar a vida.*

Iselin e Füssli se tornaram os grandes amigos a acreditarem no potencial de Pestalozzi, incentivando-o a escrever.

Pestalozzi aceitou o desafio e começou a ler os contos de Jean-François Marmontel * buscando inspiração, sem, no entanto, ficar satisfeito.

(*) Jean-François Marmotel foi um dos enciclopedistas, contista, escritor, poeta e dramaturgo, famoso na época, amigo de Voltaire.

Ilustração da obra *Leonardo e Gertrudes*

Leonardo e Gertrudes

Inesperadamente, surgiu-lhe à mente a figura de Elizabeth Naef, a mulher extraordinária que o ajudara num dos momentos mais difíceis de sua vida. Lembrou-se também de Rousseau, que colocara suas teorias no *Emílio* de forma romanceada.

Então, brilhante ideia lhe surgiu à mente. Ele conhecia muito bem os camponeses da região, seus vícios e a miséria moral em que viviam. Mas sabia também do poder de regeneração e a força da virtude. Sem papel em casa, ele começou a escrever entre as linhas de um livro antigo:

"*Vivia, na aldeia de Fineshade, um pedreiro honesto de nome Leonardo e sua esposa Gertrudes. Eles tiveram cinco filhos, a quem ele poderia muito bem ter sustentado pelo seu trabalho, mas, infelizmente, se permitiu ser levado para a cervejaria, onde se comportou como um louco.*

Em toda aldeia existe um grupo de patifes astutos, com inteligência suficiente para tirar proveito dos incautos e para beber à sua custa.

Leonardo era esse tipo de homem incauto e, quando o persuadiram a beber, ele facilmente arriscou seu salário no jogo. O pobre homem se sentia miserável no dia seguinte, quando refletiu que havia desperdiçado no jogo o dinheiro que deveria ter fornecido pão para sua esposa e família (...)

Gertrudes era uma das mulheres mais honestas e diligentes da aldeia e, ainda assim, ela e seus filhos corriam o risco de passar fome. Leonardo podia ser preso pela dívida, e eles perderiam sua casa. (...)"

A pena corria com facilidade. Escrevia de forma bem realista a vida simples do povo nas aldeias, os vícios de homens como Leonardo e as grandes mudanças ocorridas pela inteligência de Gertrudes, uma mulher boa, sensata, muito dedicada aos filhos e que, além de tirar seu marido do vício da embriaguez, conquistou todos os vizinhos e reformou toda a aldeia através da educação.

Iselin fez a revisão e conseguiu uma editora de Berlim para publicar. Assim, em 1781, saiu o livro *Leonardo e Gertrudes*, o primeiro de quatro volumes que se completariam mais tarde.

Os jornais elogiaram o seu trabalho, e fragmentos da obra foram publicados em vários periódicos.

A Sociedade Econômica de Berna lhe enviou uma carta de felicitações com um presente de cinquenta florins e uma medalha de ouro com a legenda "*Para o melhor dos cidadãos*"*.

O romance ilustrou de forma agradável suas ideias pedagógicas de como a educação pode auxiliar as pessoas, contribuindo para sua felicidade, e também de como uma administração esclarecida e benevolente pode auxiliar o povo.

Pestalozzi passou a ser visitado por muitas celebridades da época, no entanto, percebeu, pelos elogios que recebia, que a maioria das pessoas via a obra como um bom romance, sem alcançar a essência pedagógica da mesma.

A educação é o ponto central da obra de Pestalozzi, a solução de todos os problemas da sociedade.

Mas Pestalozzi persistiu e continuou a história que tinha começado. Assim, em 1783, surgiu o segundo volume de *Leonardo e Gertrudes*, em 1785, o terceiro e, em 1787, o quarto.

Mas o interesse do público foi muito menor. Muitos viam suas ideias como um sonho utópico. Sem dúvida, suas ideias estavam muito à frente de seu tempo.

No entanto, Madame de Staël** elogiou *Leonardo e Gertrudes* de maneira profunda:

> "*Não há paralelo na literatura para um personagem local e um nome para comparar com Gertrudes. Nela, encontramos a abolição das comunas e a divisão da terra improdutiva que apenas servia para aumentar as riquezas de um titular, a recuperação dos dízimos, a instituição da poupança bancária, a organização de um sistema de reforma da educação, a supressão da pena capital e o estabelecimento de boas escolas de ensino fundamental, em que a educação visa suprir as necessidades morais da alma e as necessidades materiais da vida.*"

(*) Civi legend optimo

(**) Anne-Louise Germaine Necker, baronesa de Staël-Holstein (1766 — 1817), foi uma romancista francesa que participou do Iluminismo francês.

Joseph II e seu irmão Peter Leopoldo

Joseph II e Peter Leopoldo

Joseph II, Imperador do Sacro Império Romano-Germânico*, nesta época, era amigo dos enciclopedistas e simpático ao movimento iluminista. Espírito culto e esclarecido, entusiasmou-se com as ideias de Pestalozzi. Juntamente com seu irmão Peter Leopoldo, na época grão-duque da Toscana, instruíram seus ministros, Conde Zinzendorf e Conde de Hohenheim, a se comunicarem com Pestalozzi.

O Conde Karl Von Zinzendorf, na época, ministro das finanças da Áustria, escreveu para Pestalozzi, convidando-o a transferir-se para Viena, o que Pestalozzi recusou, mas manteve correspondência com o mesmo, escrevendo-lhe:

(*) Joseph II da Áustria, Imperador do Sacro Império Romano-Germânico entre 1765 e 1790, foi também rei da Boemia e da Hungria. Homem culto e idealista, simpático às ideias dos iluministas, compreendendo as ideias de Pestalozzi, procurou introduzi-las em seu governo.

"A educação é o eixo sobre o qual tudo gira. O Estado deve considerar isto como seu objetivo principal e subordinar tudo o mais a ele. Se o primeiro interesse do Estado é bem cuidado, os interesses individuais dos soberanos serão facilmente preservados. O vínculo entre as autoridades locais e a autoridade superior será facilmente conectado de um modo satisfatório."

"Vamos esperar, meu senhor, que os líderes da humanidade entendam a convicção de que a melhoria da humanidade é o seu mais importante e único interesse, e estou certo de que, mais cedo ou mais tarde, o que desejo para as pessoas será compreendido e aceito, e os príncipes serão os primeiros a estender a mão para aqueles que melhor podem dirigi-lo."

Joseph II introduziu amplas reformas na educação pública, na polícia e na legislação, baseado nas ideias iluministas e nos ideais de Pestalozzi. Sem abdicar do catolicismo, anulou a autoridade do papa Pio VI sobre a igreja da Áustria e vendeu os bens desta em proveito das obras assistenciais. Através de um édito de tolerância, garantiu a liberdade de cultos ortodoxos, judeus e protestantes. Proclamou a liberdade de imprensa, aboliu a tortura e a escravidão. Fundou hospitais, asilos e orfanatos.

Joseph II desencarnou em 20 de fevereiro de 1790, e seu irmão, Leopoldo, na época grão-duque da Toscana, foi chamado a continuar as mesmas reformas. Ambos sofreram enorme pressão do Clero e da própria nobreza da época, tendo que recuar em algumas dessas reformas.

No entanto, a influência dos iluministas, em especial a de Pestalozzi, foi decisiva no governo dos dois irmãos, atingindo vasta região ligada ao Império Romano-Gêrmanico e ao Grão-Ducado da Toscana.

Noite de Verão

Era uma noite de verão de 1782 quando Pestalozzi pegou em sua pena e escreveu:

Noite de verão! Quem pode descrever-te, quando vieres depois de um dia de calor avassalador? Tudo o que respira se alegra com teu frescor, tudo o que respira tem necessidade de ti. A cabra deixa seu refúgio na floresta e vem pastar e respirar livremente a céu aberto. Os rebanhos também se alegram e dão cambalhotas nas pastagens frescas, e o homem, cansado pelo calor do dia, entrega-se ao repouso até o amanhecer.

Dia de verão! Ensina ao verme que rasteja sobre a terra,

(*) No início de 1782, Pestalozzi escreveu para um jornal denominado *A Gazeta Suíça*. O conjunto forma dois volumes que são raros e pouco conhecidos.

> *que os frutos da vida são formados no meio do fogo e das tempestades de nosso globo, mas, para amadurecer, eles também têm necessidade da chuva suave e do orvalho cintilante e do descanso reparador da noite.*
>
> *Ensina-me, dia de verão, que o homem formado do pó da terra cresce e amadurece como a planta que está enraizada no solo.*

Nesse período que antecedeu a Revolução Francesa, Pestalozzi já comparava a educação da criança ao desenvolvimento da planta.

Assim como a planta já traz em si, em estado germinal, as qualidades da árvore adulta, a criança traz o germe das qualidades a serem desenvolvidas. Entretanto, o desenvolvimento não é apenas do ponto de vista orgânico, mas também intelectual e moral.

A partir do germe dado por Deus, deve ocorrer o desenvolvimento intelectual e moral, deve crescer, florescer e frutificar. Cabe à educação favorecer e dirigir esse desenvolvimento.

A educação é, pois, um desenvolvimento das qualidades interiores do ser, mas é também um produto do trabalho da própria criança numa cadeia de progressão gradual, em uma ordem natural, em que cada progresso se torna um instrumento de novo progresso.

Para que esse desenvolvimento seja harmonioso, Pestalozzi afirmava ser necessária uma ampla reforma, a começar pela família até atingir toda a sociedade.

Pestalozzi via, na educação, o único remédio eficaz para os males do mundo.

Mas os obstáculos estavam na própria sociedade, nos costumes, nas escolas, na Igreja.

A sociedade estava corrompida pelos maus costumes e pelos preconceitos, as escolas ensinavam palavras, e a Igreja ensinava dogmas que deviam ser aceitos, sem contestação. Era necessária uma educação que levasse a criança a compreender os fatos da vida. A educação tinha que partir das impressões pessoais que levavam à verdadeira compreensão, e as palavras e explicações deveriam vir em seguida. A religião devia ser compreendida e sentida, e não aceita como dogmas impostos.

Este é o germe do que seria chamado, mais tarde, de método intuitivo, em que a criança é levada a trabalhar com todos os sentidos, com a inteligência e com o sentimento simultaneamente.

Pensando, sentindo e agindo para formar os conceitos por si mesma, pela sua própria experiência, e não por ensinamentos dados prontos.

> "*Quando, no decurso da História do Homem, torna-se necessário a um povo quebrar os elos políticos que o ligavam a outro e assumir, de entre os poderes terrenos, um estatuto de diferenciação e igualdade ao qual as Leis da Natureza e do Deus da Natureza lhe conferem direito, o respeito que é devido perante as opiniões da Humanidade exige que esse povo declare as razões que o impelem à separação.*
>
> *Consideramos estas verdades, por si mesmas, evidentes, que*

todos os homens são criados iguais, sendo-lhes conferidos, pelo seu Criador, certos Direitos inalienáveis, entre os quais se contam a Vida, a Liberdade e a busca da Felicidade."

Em 1789, estourou a Revolução Francesa, com a convocação da Assembleia dos Estados Gerais em 5 de maio e com a tomada da Bastilha em 14 de julho, baseada nos ideais dos iluministas.

A Revolução Francesa, que de início parecia a realização dos ideais dos iluministas, transformou-se numa onda de violência, crimes e loucuras jamais vista.

Pestalozzi se horrorizou com a sequência dos fatos, mas, em 26 de agosto de 1792, o governo revolucionário da França declarou Pestalozzi cidadão francês, pelas suas obras em favor da humanidade, e o convidou a ocupar importantes cargos, mas ele declinou do convite.

Pestalozzi e Fichte

Pestalozzi e Fichte

- *Suas ideias me fazem lembrar o "a priori" de Kant.*

- *Age somente em concordância com aquela máxima através da qual tu possas, ao mesmo tempo, querer que ela venha a se tornar uma lei universal.*

- *Kant também fala da "saída do homem de sua menoridade", o momento em que o ser humano amadurece e se torna consciente de sua força e inteligência e passa a agir sem a tutela de outras pessoas.*

Fichte* caminhava devagar ao lado de Pestalozzi, comentando suas ideias.

(*)Johann Gottlieb Fichte (1762-1814), filósofo alemão, viveu alguns anos em Zurique, tendo sido íntimo do círculo de amigos de Pestalozzi, onde conheceu Johanna Marie, com quem se casou.

- *Isso mesmo* - replicou Pestalozzi. *O homem primitivo é todo impulso, sem controle. O homem que vive em sociedade apenas se controla por imposição das leis sociais. Mas sem dominar seus impulsos primitivos, chega o dia em que pode explodir em forma de revolução ou mesmo adoecer. A educação o levará ao amadurecimento até tornar-se um ser moral, que compreende, sabe e sente o que é certo, o que é bom, com naturalidade.*

- *A Revolução Francesa é bem o exemplo desta explosão em forma de revolta quando o homem não consegue controlar seus impulsos para a violência. Só através da educação, a Humanidade conseguirá atingir os ideais tão belos de liberdade, igualdade e fraternidade. Aliás, os próprios revolucionários se esqueceram da fraternidade.*

- *Mas existe uma lei natural no desenvolvimento do homem, através da qual ele deve se tornar tudo o que deve ser* - continuou Pestalozzi.

De repente, Fichte parou, colocou as duas mãos nos ombros do amigo e falou, como que impulsionado por uma força estranha:

- *Escreva tudo isso. São ideias brilhantes que me fizeram entender melhor o próprio Kant. Escreva, meu amigo... escreva, que tenho a convicção de que essas ideias vão iluminar a ciência moral e fornecer as bases da educação.*

Mais uma vez, os amigos Espirituais, desta vez valendo-se do gênio de Fichte, incentivaram Pestalozzi a escrever.

Minhas Investigações

Meu senhor, havia, em um país, dois homens que buscavam a verdade para o povo.

Um deles, de nobre nascimento, passava suas noites sem dormir e sacrificou sua vida buscando fazer o bem para o país que governava. Ele alcançou seu objetivo. Seu país foi abençoado por sua sabedoria, e sua cabeça foi coroada com louvor e honra. Os nobres confiavam nele, e seu povo obedecia em silêncio.

O outro, um pobre homem cansado, não alcançou seu objetivo, cada um dos seus esforços falhou. Ele não prestou nenhum serviço ao seu país. O sofrimento e os erros fizeram-no curvar sua cabeça, sua verdade perdeu toda a força, e sua pessoa, toda a influência. Os nobres de seu país não o conhecem, e as pessoas zombam dele.

Qual dos dois você acha, meu senhor, que realmente encontrou a verdade para o povo?

Assim, nascia sua obra mais profunda: *Minhas investigações sobre o curso da natureza da evolução da humanidade.*

Em concordância com Rousseau quando afirmou que "*tudo é bom ao sair das mãos do Criador*", Pestalozzi também afirmou que o homem já traz, em si mesmo, o germe de toda a sua potencialidade, não apenas intelectual, mas também moral.

Para ele, a moral é o fim supremo da educação, pois o homem é um ser essencialmente moral, ou seja, possui, dentro de si mesmo, a essência dessa moral.

Define, então, três estados ou etapas do desenvolvimento moral do homem:

No estado natural "*o homem é fruto do puro instinto que o conduz simplesmente para todos os gozos dos sentidos*".

No estado social, o homem "*não entra na sociedade e se torna um cidadão para servir a Deus ou amar ao próximo. Ele entra na sociedade para tornar sua vida mais alegre e gozar o que seu ser animal deseja e para que seus dias transcorram satisfeitos e tranquilos.*"

No estado moral, "*- sinto-me livre do egoísmo do meu ser animal e social, no direito e no dever de fazer o que santifica a mim e ao meu ambiente.*"

Assim, o estado natural ou primitivo corresponde à natureza animal, aos impulsos instintivos de sobrevivência e dominação, procurando satisfazer suas necessidades básicas. O homem é egoísta por natureza. Corresponde ao estado primitivo do homem.

O estado social corresponde à moral social, à lei social, ao que se aprende na sociedade. Por necessidade, criou-se a sociedade, o governo, as leis, para coibir a manifestação dessa animalidade e garantir ao homem (ainda na animalidade) a satisfação de seus próprios prazeres. Apenas coíbe, impede a manifestação - não transforma os instintos básicos do homem.

Mas ao atingir o estado moral, o homem é capaz de trabalhar seus instintos animais, transformá-los, canalizar essa força num sentido positivo e é capaz de construir sua própria moral. A moral não vem de fora - é interior. O homem não é apenas um ser animal ou um ser social. Antes, acima, e além de tudo, ele é um ser espiritual, é um ser moral por excelência, pois traz a essência Divina em si mesmo.

Podemos identificar os estados citados por Pestalozzi com as fases morais de Piaget.

No entanto, Pestalozzi exalta o amor, que é a base sobre a qual assenta toda a sua pedagogia, entrando no campo deslumbrante do sentimento.

Afirma que, através do impulso de alguém que se descobriu como ser Divino, que é um ser moral, que já trabalhou ou trabalha suas camadas íntimas, seus instintos, elevando-o ao nível do amor, esse é capaz de despertar no educando o amor que ele já possui em si mesmo. O educador contagia, desperta essa essência que se encontra em estado latente.

O papel do educador é despertar essa essência Divina no educando, para que ele, uma vez consciente de si mesmo, possa se modificar, trabalhar consigo mesmo e não ser governado ou dirigido por Igrejas, Instituições ou pelo Estado. O educador acende a centelha ou desencadeia um processo através do qual o educando vai atingir a sua autonomia moral, o estado moral, despertando a consciência moral, a essência Divina que existe em si mesmo, como filho de Deus.

O homem que atinge o estado moral não é aquele que se adapta a uma sociedade, mas é aquele que constrói sociedades dignas que sintonizam com as Leis Divinas, com o Criador.

Guerra napoleônica. Assalto de Berna, 1798

Guerras Napoleônicas

Em março de 1798, a Suíça foi invadida pelos franceses, e a Confederação Suíça entrou em colapso. Em 12 de abril de 1798, foi proclamada a República Helvética "una e indivisível", e os direitos feudais e a soberania dos cantões foram abolidos.

Houve resistências às novas ideias de governo, e as forças de Napoleão tomaram o poder. Muitas cidades e vilas foram arrasadas durante a ocupação.

Na primavera e no outono de 1798, Pestalozzi publicou diversos panfletos em que pregava a união e a paz, procurando reconciliar os mais hostis à nova Constituição. Exortou o governo a aplicar a justiça, a moralidade e a proporcionar a boa educação para o povo.

Pestalozzi, a pedido do Ministro das Artes e Ciências, chegou a ser o editor da "Gazeta Popular Suíça", auxiliado por Lavater e outros amigos. No entanto, o jornal não era lido pelos que se opunham à Republica unitária, nem pelas pessoas comuns a que se destinava, e a publicação foi encerrada.

Pestalozzi, seguindo seu sonho de uma escola popular, na ausência do, então, Ministro das Artes e Ciências, escreveu, em 21 de maio de 1798, para Meyer, então Ministro da Justiça e Polícia, oferecendo-se para melhorar a educação dos pobres.

Pestalozzi enviou seu plano para uma escola nos moldes do que tinha descrito em Leonardo e Gertrudes, e o Diretório que analisou o projeto o aprovou imediatamente, restando apenas a escolha do local.

Stans antiga

O Massacre de Stans

Ao sul do Lago Lucerna, na região de Bas-Unterwald, cuja principal cidade é Stans, avistava-se, de um lado, as águas calmas do lago sob um céu azul entremeado de nuvens brancas, de outro, as colinas férteis dos Alpes coroadas pelas geleiras do Titlis *, e do outro lado, o vale verdejante de Hasli (Oberhasli).

Neste espaço belo, quase sempre ensolarado, vivia um povo simples e acolhedor, cuja ocupação consistia na cultivação do solo, no cuidado de seus rebanhos e no cultivo de árvores frutíferas. As pessoas de Bas-Unterwald eram animadas, inteligentes e de bons sentimentos.

(*)Titlis é uma montanha dos Alpes Suíços, cujo cume é coberto por neve permanente e temperatura congelante.

A igreja de Stans, local do primeiro massacre

No entanto, ao serem obrigadas a jurar a constituição unitária da Suíça, elas se recusaram, ciosas de seu meio de vida e de seus costumes.

O novo governo enviou um destacamento de soldados franceses para obrigá-los a aceitar o novo regime, mas o nobre povo de Bas-Unterwald e suas poucas tropas enfrentaram, com rara valentia, os soldados franceses, embora sem condições de vencer o número e as armas do "inimigo".

Os soldados franceses, exasperados com a inesperada resistência e furiosos com as baixas consideráveis que tiveram, investiram sem piedade sobre a população, numa obra terrível de destruição em massa.

A população indefesa se refugiou na Igreja de Stans, a maior cidade da região. Permaneceu em oração, juntamente com o sacerdote local, um homem digno de sessenta anos.

O prédio era relativamente grande e acolhia um grande número de pessoas. Construído acima do nível da rua, era alcançado por uma grande escadaria de pedra ao longo da fachada do edifício.

Ao chegar ao local, imaginando que a igreja seria um novo ponto de resistência, o General Corbineau subiu a escadaria a cavalo e entrou na Igreja com seus homens. Um tiro certeiro matou o sacerdote na hora em que ele erguia a hóstia. E iniciou-se, então, uma cena de horror indescritível.

As atrocidades se estenderam por toda a cidade, por dois dias inteiros, deixando Stans em chamas.

Cerca de quatrocentas pessoas perderam a vida, entre homens, mulheres e crianças; trezentas e quarenta casas, duzentos e vinte e oito celeiros e cento e quarenta e quatro prédios de pequeno porte foram queimados.

Muitos não tinham condições de serem reconstruídos. Mais de cem feridos e cento e sessenta e nove órfãos, sem contar setenta e sete crianças, que foram acolhidas por outros cantões. Perambulavam pela cidade mais de duzentas crianças que, embora não tenham ficado órfãs, estavam na mais extrema pobreza.

Stans antiga

Pestalozzi em Stans

O sofrimento do povo e, principalmente, das crianças de Stans, devido à extrema miséria e ao frio do inverno que se iniciava, era inexprimível, ficando pior a cada dia. Os recursos do governo e a caridade dos outros cantões não eram suficientes para todos. Dezenas de crianças, sem abrigo, passavam fome, e muitas, estavam enfermas.

O novo governo se comprometeu a enviar ajuda para Stans e foi decidida a fundação de um orfanato, mas, segundo exigência do povo local, o diretor deveria ser católico.

Pestalozzi, que já tinha um plano aprovado pelo Diretório, foi o indicado para o cargo, apesar de ser protestante. Junto deveriam ir outros dois colaboradores que, no entanto, logo se afastaram.

Para o funcionamento do orfanato, foi cedido o edifício do convento das Ursulinas, que seria reformado às pressas, e uma porção do terreno em volta.

Mas o tempo ia passando, e muitas crianças já estavam mendigando. Então, decidiram iniciar as atividades antes mesmo de o edifício estar pronto. Apenas um quarto era habitável, o restante estava sendo preparado e até mesmo a cozinha não podia ser utilizada. E, para dirigir esta casa e cuidar da limpeza, saúde e educação, Pestalozzi tinha apenas uma servente como ajudante.

As crianças chegavam em péssimo estado, doentes algumas, cobertas com trapos outras, esfomeadas todas.

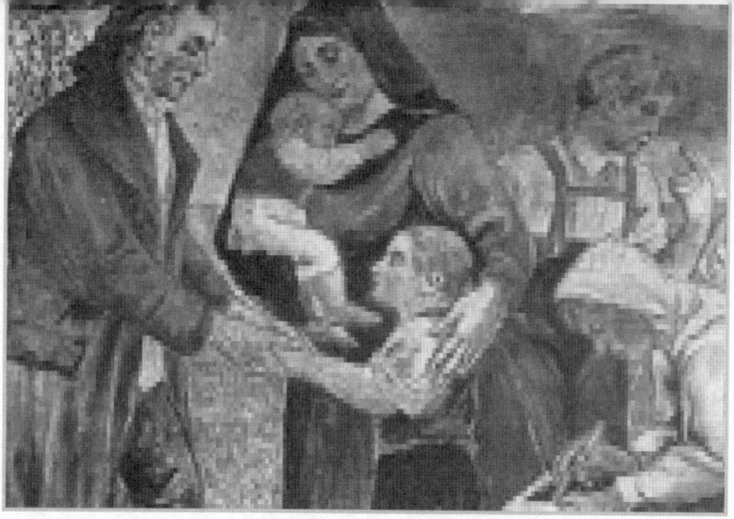

Pestalozzi em Stans

AS CRIANÇAS DE STANS

- Esta é Josephine Rieter, tem treze anos. Coitadinha, o pai e a mãe estão mortos. E esta é Anna-Jos-Amstad, quinze anos. Perdeu o pai, e a mãe dela estava cuidando das duas garotas, mas... estavam vivendo na maior miséria. Ela já estava aprendendo a ler. Parecem ter boa saúde, mas estão famintas.

A funcionária do governo local continuava trazendo as crianças e fazendo seu relatório sucinto.

Pestalozzi sentiu imensa piedade quando seu olhar se cruzou com o olhar assustado de uma garotinha de onze anos, Anna-Maria, de aparência esquelética, amedrontada e esfomeada.

- Esta é Anna-Maria Beutschgi, onze anos, de Stans; mãe morta e pai desaparecido. Parece não saber ler nem escrever.

Um garotinho de oito anos tinha a face amarelada, cabelos emaranhados e sujos, e tremia assustado quando Pestalozzi o abraçou com carinho.

- Gaspard Stierr, oito anos, de Stans. Pai morto, mãe viva, muito fraco, parece doente.

- Este é Charles, de dez anos, e seu irmão Gaspard-Joseph Vaser deve ter onze anos. São de Stansstaad. A mãe morreu, o pai ainda está vivo, mas vive mendigando. As crianças também estavam mendigando nas ruas e não sabem ler... aliás, acho que não sabem nada do que se aprende em uma escola.

- Francois-Joseph Businger, catorze anos, de Stans. Pai vivo, mãe morta. Tem boa saúde, mas de hábitos rudes, acostumado a mendigar.

O garoto lhe lançou um olhar desafiador e atrevido, mas Pestalozzi compreendeu a sua luta pela própria sobrevivência e o acolheu com imenso carinho.

- Jacob Baggenstoss, quinze anos, de Stansstaad. Pai morto, mãe viva. Boa saúde, mas já está acostumado à mendicância.

- Jacob Adacher, sete anos, de Kirsiten; pai morto, mãe viva. Não está doente, mas nunca frequentou escola.

- Catherine Acier, cinco anos, de Stans; pai morto, mãe viva, tem boa saúde e demonstra boa capacidade para aprender.

- Clara Waser, doze anos, de Stansstaad; pai vivo, mãe morta, não sabe ler e escrever. Estava mendigando.

Pestalozzi em Stans. Pintura de Konrad Grob.

CARTA DE STANS

Pestalozzi escreveria mais tarde a um amigo o texto que ficaria conhecido como *Carta de Stans*:

"Amigo, desperto de novo do meu sonho e vejo novamente destruída minha obra e minhas forças exauridas, em vão.

Mas ainda que fraca e infeliz tenha sido minha experiência, todo coração amigo da humanidade se alegrará em dedicar alguns momentos a estudar as razões que me convencem de que, um dia, posteridade mais feliz vai retomar o fio das minhas esperanças no ponto em que foram interrompidas. (...)

A maioria das crianças, quando entrou, estava em um estado em que a extrema degeneração humana traz como consequência irremediável.

Muitas vieram com tanta sarna, que mal podiam andar, muitas com as cabeças cobertas de feridas, muitas esfarrapadas e cheias de piolhos, muitas eram magras como esqueletos, amarelas, com feições transtornadas, olhos cheios de medo, testa cheia de rugas de desconfiança e preocupação, algumas atrevidas, acostumadas à mendicância, à mentira e à falsidade de todos os tipos, enquanto outras, oprimidas pela pobreza, eram resignadas, mas desconfiadas, insensíveis e ferozes.

Entre elas, algumas eram mimadas, aquelas que já haviam vivido com relativa facilidade; essas eram cheias de pretensões, ficavam juntas, demonstrando desprezo pelas crianças mendigas e de famílias pobres, não se sentiam bem neste novo modo de convivência em que o tratamento dos pobres não se parecia com suas antigas formas de vida e, portanto, não correspondia aos seus desejos.

Geralmente, havia indolência e inatividade, falta de exercício das faculdades intelectuais e de habilidades físicas. Apenas uma em cada dez crianças sabia o alfabeto. Outros conhecimentos escolares ou elementos essenciais da educação havia ainda menos."

E, assim, iniciou-se o gigantesco trabalho de resgatar a dignidade daquelas crianças. De Pestalozzi, elas receberam alimentos e roupas limpas, bem como os cuidados necessários para recuperarem a saúde e a boa disposição.

"A falta de escolaridade era o que menos me preocupava, pois tinha confiança nos poderes naturais com que Deus dotou até as mais pobres e abandonadas criaturas. (...)

Eu sabia como são úteis as necessidades comuns da vida

Pestalozzi em Stans. Pintura de Karl Jauslin

para ensinar aos homens as relações das coisas, em despertar-lhes a inteligência, em desenvolver seu raciocínio e acordar as faculdades latentes, sepultadas debaixo dos elementos de sua natureza e que só se tornam ativas depois de liberadas. Assim, o meu primeiro objetivo foi liberar tais faculdades e trazê-las às circunstâncias simples da vida doméstica.

Estava persuadido de que minha afeição mudaria o espírito das minhas crianças, tão prontamente como o sol da primavera vivifica a terra adormecida pelo inverno. Não me enganava: antes que o sol da primavera derretesse a neve das montanhas, as minhas crianças já se mostravam inteiramente diferentes.

Eu estava de manhã até a noite, praticamente sozinho no meio delas. Tudo o que lhes acontecia de bom para o corpo e para a alma vinha das minhas mãos. Cada ajuda, cada auxílio às suas necessidades, cada lição recebida saía imediatamente de mim. Minhas mãos repousavam em suas mãos, meus olhos pousavam em seus olhos.

Minhas lágrimas corriam com as delas, e meu sorriso acompanhava o delas. Elas estavam fora do mundo, estavam fora de Stans, estavam junto a mim, e eu estava junto a elas.

Sua sopa era a minha, sua bebida era a minha bebida. Eu não tinha nada, não tinha família nem amigos, nem empregados em torno de mim, tinha a elas. Quando estavam saudáveis, eu estava no meio delas, quando adoeciam, eu estava à beira do leito. Eu dormia no meio delas. À noite, eu era o último a deitar e, pela manhã, era o primeiro a levantar. Quando estavam na cama, eu orava com elas e as ensinava até que adormecessem. Eram elas que assim queriam.

Não era de uma organização externa que eu esperava a regeneração que precisavam. Se eu tivesse usado de pressões, regulamentos, sermões, em vez de conquistar o coração de minhas crianças, eu as teria aborrecido e afastado do meu alvo. Primeiro que tudo, era preciso que eu despertasse nelas nobres e puros sentimentos morais, para depois poder obter sua atenção, atividade e obediência.

A mim cumpria seguir o elevado ensinamento de Cristo: "limpai primeiro o interior para que o exterior também possa ser limpo." Se alguma vez este preceito se tornou realidade foi nesta ocasião.

Fui bem sucedido na realização de meu objetivo. Entre aqueles setenta pobres e pequenos selvagens, logo reinou paz, amizade e relações tão fraternais, que é difícil de encontrar mesmo entre irmãos. (...)

Assim, amigo, também é com a virtude. Ela se desenvolve como a planta que cresce à medida que o solo satisfaz as necessidades de seus delicados brotos.

Observei o desabrochar de uma força interior em meus alunos que excedeu as minhas expectativas; e que, em alguns casos, surpreendeu-me e causou-me enorme emoção. Eis um exemplo:

Quando ocorreu um incêndio na cidade de Altdorf (cidade do Cantão de Uri), reuni as crianças e lhes disse:

"- Altdorf foi queimada e, talvez, neste momento, existam crianças sem teto, com fome e mal vestidas. Vocês gostariam de pedir ao nosso bom governo para receber vinte delas em nossa casa?

- Oh, sim! - clamaram.

- Mas, crianças - disse em seguida, - pensem bem no que estão pedindo. Nossa casa não tem tanto dinheiro como gostaríamos e não é certo que vamos receber mais por causa dessas crianças pobres. Vocês podem ter que trabalhar mais, comer menos e até dividir suas roupas. Não digam que vocês querem que elas venham a menos que estejam dispostas a suportar tudo isso de boa vontade, pelas necessidades delas. Falei com toda a força que me era possível e deixei-as repetirem o que eu tinha dito a fim de ver se elas entenderam claramente. Mas elas persistiram e repetiram:

- Sim, sim, vamos trabalhar mais, comer menos e dividir nossas roupas e ficaremos felizes se elas vierem." *

Apesar de todas as dificuldades, a casa estava indo bem. Pestalozzi trabalhava incansavelmente dia e noite. Em poucos meses, estava com sessenta e dois alunos, alimentados e aprendendo, mas apenas cinquenta permaneciam à noite, pois não havia leitos suficientes.

Certa noite, Pestalozzi tentava iniciar a prece como fazia todas as noites, mas o murmurinho das crianças, que falavam ao mesmo tempo, e o extremo cansaço que sentia,

---

(*) Trecho de *Carta de Stans.*

fizeram com que ele se dirigisse ao seu aposento, buscando descansar. Foi, então, que alguns meninos maiores pediram a atenção dos demais, que fizeram total silêncio e chamaram o pai Pestalozzi, que retornou e fez a prece.

Desse dia em diante, as crianças mais preparadas passaram a colaborar com Pestalozzi, principalmente no ensino aos mais jovens ou despreparados.

Assim, Pestalozzi relatou na carta:

"O número e a diferença entre os alunos facilitaram a minha tarefa. Assim como em uma família, os filhos mais velhos e adiantados ajudam aos irmãos menores e mostram certo orgulho e prazer em instruí-los no lugar de suas mães; o mesmo acontecia com meus alunos quando aprendiam algo que podiam ensinar aos mais jovens.

Assim, descobri auxiliares e colaboradores entre os próprios alunos..(...)

Esses alunos ajudantes, que eu tinha orientado e que seguiram passo a passo o método, foram, com certeza, muito mais úteis do que poderia ter sido qualquer professor formado.

Eu mesmo aprendi com meus alunos. O sistema era tão simples e natural, que teria dificuldade em conseguir um professor que não julgasse ser indigno aprender e ensinar como eu vinha fazendo.

Dificilmente, você acreditará que os Capuchinhos, monges e freiras do convento foram os que demonstraram maior simpatia pelo meu trabalho. Além de Truttman, poucas pessoas tiveram nele real interesse. Aqueles de quem eu mais esperava se envolveram em questões políticas que não ligaram a menor importância a uma instituição pequena como a nossa.

Estes foram os meus sonhos. Mas justo no momento em que via aproximar a sua realização, tive que deixar Stans."

A população da região odiava o novo governo e achava que as crianças só eram atendidas a fim de ganhá-los para a constituição que eles detestavam.

Além disso, a ideia era de só ter católicos em todos os cargos. Protestante não deveria atuar na escola.

As ideias de Pestalozzi eram estranhas àquele povo, e a ação educativa bastante contrária ao que estava em uso até então. Não existia sequer uma divisão das crianças em classes. Pestalozzi não se preocupava com livros nem material escolar, mas colocava as crianças em contato direto com a natureza. Estava constantemente com elas, observando a manifestação de suas faculdades, poderes e bons sentimentos, de modo a colocá-los em ação, como um jardineiro que cuida de suas plantas jovens.

Ao contrário das expectativas da população, as crianças aprendiam, cada uma no seu ritmo próprio.

No relatório de Bussinger dirigido ao Diretório, lia-se:

"*A casa para os pobres começou e continua seu bom trabalho. Mais de setenta crianças são atendidas e, todos os dias, outras se apresentam. O Cidadão Pestalozzi trabalha sem descanso para a melhoria do estabelecimento, e pode ser difícil acreditar quando se vê e ouve o que ele foi capaz de fazer em tão pouco tempo.*"

Mas Bussinger alertou as autoridades que Pestalozzi precisava de ajuda, pois achava-se exausto.

Em pouco tempo, eram oitenta crianças recebidas em péssimo estado e, no entanto, rapidamente, demonstravam alegria e boa disposição.

Ainda não havia se passado seis meses quando acontecimentos imprevistos ocorreram, tornando impossível a continuidade da instituição.

As tropas francesas, em guerra com a Áustria, estavam com um grande número de feridos e, não conseguindo alojá-los em algum outro lugar, requereram o edifício das Ursulinas, pondo fim ao trabalho de Pestalozzi. Em 6 de junho de 1799, o orfanato foi fechado. As crianças foram devolvidas aos parentes e distribuídas entre as propriedades rurais vizinhas.

Pestalozzi estava exausto pelo esforço excessivo, com acessos de tosse e hemoptises, vendo-se obrigado a buscar refúgio nas regiões montanhosas de Gurnigel, para recuperar a saúde seriamente afetada. Durante esse período de convalescença, Pestalozzi escreveu sua famosa *Carta de Stans*.

Burgdorf antiga. À esquerda, observa-se o Castelo.

PESTALOZZI EM BURGDORF

Pestalozzi não ficou muito tempo em Gurnigel. Assim que melhorou seu estado de saúde, tornou-se impaciente para retomar seu trabalho.

Impossibilitado de voltar a Stans, Pestalozzi ofereceu seus serviços de professor na pequena cidade de Burgdorf (Berthoud, em francês), no cantão de Berna.

A cidade, situada a vinte e oito quilômetros a nordeste de Berna, formou-se ao redor do castelo de Burgdorf, construído às margens do rio Emme. Com o tempo, a cidade se expandiu, formando a chamada cidade baixa, habitada pelas famílias mais simples, consideradas, na época, "não burgueses".

O prefeito de Burgdorf , Schnell, obteve a permissão para Pestalozzi lecionar em uma pequena escola na cidade baixa.

Burgdorf se tornaria famosa pela atenção dada à educação popular e pelo trabalho de Pestalozzi.

Pestalozzi chegou em Burgdorf em julho de 1799, e, nesta época, esta escola continha setenta e três alunos e tinha como professor Samuel Dysli, o "velho sapateiro", como era chamado, pois trabalhava em seu negócio quando não lecionava.

Dysli lecionava, além dos elementos normais de instrução, o *Catecismo de Heidelberg*, um guia para a instrução religiosa de crianças e jovens protestantes.

Observava Pestalozzi com certa desconfiança, pois suas aulas nada tinham em comum com o que se praticava na época. Não utilizavam os livros habituais nem os livros de cópias, nada aprendiam de cor e nem faziam as tarefas e lições normais na época. O novo professor preferia sair a passear com as crianças pelas redondezas.

Além de nada entender do método de Pestalozzi, ficou chocado por ele negligenciar o *Catecismo de Heidelberg*.

Dysli contou suas opiniões aos pais, conseguindo alarmá-los até a ponto de afirmarem às autoridades que não queriam esse intruso em sua escola.

- Se os burgueses querem este método, que o usem com suas próprias crianças.

(*) Samuel Dysli, o velho sapateiro, desencarnou aos setenta anos e, ao despertar no Mundo Espiritual, deu-se conta de que Pestalozzi era um missionário encarregado da transição da velha escola, da qual ele mesmo, Samuel Dysli, era um representante, para uma nova escola, mais adequada aos novos tempos que viriam. Foi então que ficou sabendo que seu encontro com Pestalozzi não fora obra do acaso, mas oportunidade valiosa que ele perdeu. Teve, então, uma crise de consciência e se dedicou a divulgar as ideias de Pestalozzi através de outras encarnações, inclusive no Brasil.

As autoridades foram obrigadas a ceder, e Pestalozzi foi afastado da escola, passando por mais uma decepção em sua carreira de professor.

- *Há duas maneiras de instruir. A que vai das palavras para as coisas e a que vai das coisas para as palavras. A minha maneira é a segunda.*

Pestalozzi ficou angustiado ao conversar com Schnell, o prefeito.

- *Tento ensinar as crianças a pensarem pelas suas próprias cabeças. Ensinar como a Natureza nos ensina e levar as crianças a amarem a escola.*

A explicação não poderia ser mais simples, e Schnell e seu amigo, o cidadão Grimm, compreenderam a profundidade das ideias de Pestalozzi e se tornaram admiradores delas.

Obtiveram sua admissão em uma das escolas dos burgueses, a Escola Miss Stahli, onde Pestalozzi ficou com uma classe de vinte e cinco crianças, de ambos os sexos, entre cinco e oito anos. As crianças maiores de oito anos eram divididas em três classes de meninos e três de meninas.

Pestalozzi estava receoso de novamente entrar em conflito com as velhas ideias. O golpe sofrido pela incompreensão, seja em Stans e ali mesmo em Burgdorf, fora doloroso. Colocava grandes desenhos na frente das crianças, representando vários objetos que elas deveriam observar e descrever.

Um dia, Pestalozzi colocou o desenho de uma janela, e as crianças deveriam observar todos os detalhes e descrever.

Um dos meninos olhava fixamente a janela da sala e acabou por dizer:

- *Não podemos aprender com a janela em vez da sua imagem?*

Um raio de luz atingiu Pestalozzi e, em segundos, relembrou Rousseau e suas próprias ideias inovadoras.

- *Ele não quer nada interferindo entre si mesmo e a Natureza.*

Colocou seus desenhos de lado e fez com que os alunos observassem diretamente os objetos que estavam na sala. Daí partiram para observar diretamente a Natureza: as árvores, as flores, o solo, os insetos, os pequenos animais...

Novamente, a confiança em suas ideias pedagógicas retornaram e fizeram florescer seu entusiasmo. As aulas adquiriram "vida", as crianças sentiam vontade de conhecer, de mais saber sobre a vida e a natureza das coisas.

Oito meses depois, quando aconteceram os exames, o resultado dos testes valeu cumprimento e elogio da Comissão das Escolas de Burgdorf.

> *"A Comissão das Escolas de Berthoud ao Cidadão Pestalozzi.*
>
> *"Cidadão,*
>
> *Você nos deu grande prazer por submeter as crianças, a quem tem ensinado por oito meses, para o nosso exame. Nós cumprimos um dever, não somente para você, cidadão digno, mas para o trabalho em si, para que você saiba, por escrito, a opinião que temos dele(...)*
>
> *Você mostrou que poderes já existem na mais fraca criança e a maneira com que esses poderes podem ser desenvolvidos, como se deve buscar cada talento e, assim, conduzi-lo à maturidade.*

O espantoso progresso de todos os seus jovens alunos com diferentes disposições, mostra claramente que cada criança é apta para alguma coisa quando o mestre reconhece seus talentos e os cultiva com verdadeira arte psicológica.

Seu ensino mostrou claramente as bases sobre as quais a instrução deve repousar, de modo que pode ser continuada depois com real utilidade. Demonstra também que, desde os primeiros anos e em curto período de tempo, o desenvolvimento da criança pode ganhar uma inconcebível universalidade cuja influência se estende não só ao longo de todos os anos de estudo, mas ao longo de toda a vida.

Enquanto, pelo método até então utilizado, as crianças de cinco a oito anos apenas aprendiam as letras, soletrar e ler, seus alunos não só realizam esta tarefa com tal grau de perfeição como nunca vimos antes, mas se distinguem pela escrita bonita, talento para o desenho, a contagem, a medição, o gosto pela história, história natural, geografia, etc., de modo que seus futuros mestres verão seu trabalho incrivelmente simplificado se forem capazes de tirar vantagem dessa preparação.

No futuro, as classes mais altas receberão de você ou de um mestre que segue o seu método, não mais alunos que tenham de gastar anos em conhecimentos elementares, mas sim, os que já os dominam inteiramente e dispõem de sólida base de conhecimentos úteis.

O método que utiliza possui ainda outras vantagens: além de tornar mais rápido o progresso do aluno, ainda é adequado ao lar, onde a mãe ou um aluno de mais idade ou até mesmo uma servente da casa podem usá-lo com sucesso.

Nós não pensamos, homem digno, que seja exagero de nossa parte afirmar que tenha prestado serviços duradouros para a nossa juventude e para as nossas escolas, e que nós estamos honrados que você tenha nos escolhido para servir e praticar os planos nobres que honram ao seu coração e que irão iluminar muito os futuros professores.

Que o seu zelo ardente para colocar em prática uma teoria tão boa e adequada para as necessidades da humanidade não seja restringido pela posição crítica de nosso país, por ciúme ou outras paixões, nem pela falta de apoio público.

Que você nunca seja desviado do seu trabalho favorito de educador e enobrecedor da infância. Que possamos não ser demasiados insignificantes para ajudar em uma medida deste grande objetivo.

Com a saudação republicana e verdadeira consideração.

"Em nome da comissão das escolas,

"O Presidente, Em. Kui-Fehschmid".

*"Berthoud, 31 de março de 1800.**

"Convencido da verdade deste testemunho, e, como prova da minha estima, eu tenho carimbado este ato com o meu selo de escritório.

"O prefeito do distrito de Berthoud, (L.S) J.Schnell"

Ninguém se alegrou mais do sucesso de Pestalozzi do que Stapfer, que fundou, em junho de 1800, a Sociedade dos

---

(*) Burgdorf, em francês se escreve Berthoud.

Amigos da Educação, cujo objetivo seria estudar o método de Pestalozzi e fazer um relatório sobre ele.

A comissão incluía alguns homens distintos como Paul Usteri, de Zurique, e Liithi, de Soleure, que pediu a Pestalozzi para dar um breve relato de sua doutrina e prática. Foi Liithi quem escreveu a partir da frase de Pestalozzi: *"Procuro psicologizar o ensino humano."*

> *"Ele explica que quer apresentar as formas de ensino de acordo com as leis eternas que presidem ao desenvolvimento do espírito humano. Ele tem procurado o conhecimento dessas leis para simplificar os elementos do conhecimento humano e reduzi-los a uma série de noções, cuja conexão psicológica deve resultar na garantia, para as classes mais baixas da sociedade, de um verdadeiro desenvolvimento físico, intelectual e moral."*

A comissão analisou, em síntese, o texto abaixo, de Pestalozzi:

> *"O mecanismo da Natureza, em todos os lugares, tem um simples, mas ascendente curso. O homem é semelhante. Imita a Natureza que, a partir da semente da maior árvore, a princípio, apenas envia um germe imperceptível, mas pelo crescimento insensível do dia a dia, de hora em hora, acrescenta algo a ele, desenvolvendo primeiro os rudimentos do tronco, em seguida dos ramos principais, dos ramos secundários e dos menores galhos até as folhas que estão a eles ligadas.*
>
> *Observe bem como a Natureza cuida, preserva e fortalece cada parte que foi formada para vincular à vida uma nova parte de seu trabalho.*

Observe como a flor brilhante só se desenvolve depois de ser formada lentamente pelo broto, como ela logo perde a beleza de sua primeira floração e deixa apenas uma fraca, mas completamente formada fruta. Como essa fruta ganha algo real todos os dias e cresce suspensa ao ramo que a alimenta, até quando, completamente madura, cai da árvore.

Observe bem como a Natureza, tão logo forma o primeiro broto que sobe, forma também o primeiro germe da raiz e enterra profundamente na terra a parte mais nobre da árvore e, como por uma íntima conexão, desenvolve esse imóvel tronco a partir da raiz, os ramos do tronco e os brotos dos ramos e como dá a todas as partes, mesmo às mais fracas e distantes, a seiva necessária e suficiente, nem a mais nem a menos."

Pestalozzi descreveu aqui uma das partes mais importantes de sua metodologia. Assim como a semente já traz em si mesma as qualidades da árvore adulta, o ser humano também já traz em si as qualidades superiores da alma, tanto no aspecto intelectual quanto no afetivo e no moral. A educação deve prover o necessário para que tal desenvolvimento aconteça.

Embora essas qualidades já existam em estado germinal, como na semente, são necessárias as atividades educacionais para que o germe desabroche e se desenvolva de forma gradual e progressiva.

Esse trecho, escrito para a comissão organizada por Stapfer, é praticamente desconhecido, mas, felizmente, essas ideias também foram desenvolvidas em outras de suas obras.

Mas as palavras de Pestalozzi aos membros da Sociedade dos Amigos da Educação tiveram também outro sentido.

A árvore envia a seiva necessária e suficiente para todas as suas partes, até às mais fracas e mais distantes do tronco, fazendo aqui, alusão à própria sociedade, que nunca deveria se esquecer dos mais pobres e desprovidos de recursos, que também possuem, em si, o germe de sua perfectibilidade.

No verão de 1800, Pestalozzi foi nomeado professor de uma turma de cerca de sessenta meninos e meninas entre oito e quinze anos.

Mas o sucesso não foi o mesmo daquele ocorrido com as crianças menores. Pestalozzi sentia enorme dificuldade em trabalhar com essa turma que, por vários anos, vinha recebendo instrução de uma maneira totalmente diferente.

Nessa época, o Diretório Helvético, que tinha dado generosa atenção aos planos educacionais de Pestalozzi, fora substituído, em janeiro de 1800, por uma Comissão Executiva de sete membros.

Stapfer enviou um memorial, em francês, a esta Comissão, explicando os pontos de vista de Pestalozzi, narrando o sucesso obtido em Berthoud e afirmando: "Seria imperdoável se o Governo Helvético não aproveitasse, para o bem do país, o talento deste homem único e não se utilizasse das virtudes de um homem (...) cujo coração pulsa com o desejo de ser útil e arde com o santo amor pela humanidade."

Pediu, então, à Comissão Executiva, recursos para a

publicação de seus escritos e para a fundação de um estabelecimento de ensino onde Pestalozzi pudesse aplicar, livremente, seus métodos de ensino. Pestalozzi ofereceu, como garantia, o produto da venda de seus livros.

No entanto, os recursos prometidos foram insuficientes, o que obrigou Pestalozzi a permanecer na mesma classe, desanimado, e com excesso de trabalho que ia esgotando suas forças, já debilitadas desde as ocorrências de Stans.

Mais uma vez, Pestalozzi via ruir suas esperanças e suas forças serem consumidas em vão, quando a Providência lhe enviou um companheiro digno e que nutria ideias semelhantes à dele. Esse homem era Hermann Krusi.

Hermann Krusi

Hermann Krusi nasceu na aldeia de Gai'ss em Appenzel, em 1775. A região, embora de rara beleza natural, tinha recursos muito limitados. O pai de Krusi, um pequeno comerciante de Gai'ss, precisava da ajuda do filho que, deste modo, não pôde frequentar, por muito tempo, a escola local. Mas o garoto Hermann tinha uma inteligência viva e um notável espírito de observação, ao lado de um desejo ardente de aprender e instruir-se, além de possuir um coração simples, puro e amoroso.

Hermann Krusi tinha dezoito anos de idade quando ocorreu o fato que o levaria a se tornar professor. É ele próprio quem nos narra:

"Um dia de verão muito quente, eu estava voltando

de Trogen, atravessando a montanha dos Gaebris com uma carga pesada de fios da empresa de Zellwegger, e foi neste lugar da estrada que meu pensamento e minha vida mudaram.

Tendo chegado ao topo da estrada, descansei minha carga para limpar o suor do meu rosto quando o Sr. Gruber, meu conhecido e tesoureiro do Estado, disse-me:

- É um dia quente, Hermann.

- Sim, muito quente - respondi.

- O professor Haerlen está deixando Gai'ss, e você poderia, talvez, ganhar o seu pão com menos problemas. Você não gostaria de tentar a nomeação?

- Não é uma questão de gostar - respondi. - Um professor deve ter algum conhecimento, e eu não tenho nenhum.

- Tudo o que um professor aqui pode e deve saber, você poderia aprender com facilidade.

- Mas onde e como? - respondi. - Não vejo qualquer possibilidade de fazer isso!

- Se você estiver disposto, os meios não faltarão. Use sua mente e não perca mais tempo.

Depois disso, ele me deixou. Eu rapidamente desci a montanha, mal sentindo a minha carga.

Um amigo me forneceu um texto para estudo que foi minha única preparação. E me apresentei para o teste, com pouca esperança de sucesso. Havia dois candidatos e, na verdade, acho que nenhum dos dois sabia quase nada.

Como eu tinha apenas 18 anos, e meu rival era muito mais velho, acharam que eu poderia adquirir melhor conhecimento. Em resumo, fui contratado para ocupar a vaga."

Foi assim que Hermann Krusi, em 1793, viu-se com cerca de uma centena de crianças em um pequeno espaço, para manter a ordem e instruí-las.

Hermann sabia que ele próprio tinha muito a aprender, então, começou a aprender com as crianças.

A Providência não o abandonou. O pastor da aldeia, convencido dos erros da velha rotina escolar, estava à procura de novas formas de ensino. Então, esse excelente homem ajudou calorosamente Krusi em sua tarefa.

As crianças foram divididas em três classes e mantidas constantemente ocupadas.

Um novo livro de leitura foi introduzido na escola, com histórias da Bíblia, noções de Geografia e História natural e as crianças eram questionadas sobre o que liam, de modo a ver se elas estavam compreendendo.

Krusi trabalhou incansavelmente e estava feliz com sua nova posição, primeiro, porque ele estava se instruindo, mas também, e especialmente, porque ele amava as crianças e pensava tanto no bem quanto na felicidade delas para o futuro.

Entre os exercícios variados da classe, ele não hesitou em apresentar sua própria experiência e no conhecimento comum, relativo à vida e ao dia a dia das pessoas de seu país.

As crianças aprendiam sobre tecelagem, sobre a vida dos animais e das plantas, em contato direto com a Natureza, e outras coisas que despertavam o interesse imediato delas.

Toda a turma se desenvolvia em clima de alegria e muita vontade de aprender. Assim, de maneira bastante espontânea, Krusi se afastava da velha escola e construía um novo estilo de ensino, em sintonia com Rousseau e Pestalozzi, sem jamais ter ouvido falar em qualquer um deles.

Mas a Providência trabalhava para reuni-los.

E uma sequência de circunstâncias abria caminho para sua nova carreira.

Enquanto isso, um jovem suíço, chamado Fischer, havia terminado seus estudos teológicos e tornado-se secretário do Ministro de Artes e Ciências do novo Governo Helvético (após a revolução de 1798).

Castelo de Burgdorf

Fischer, alma idealista e generosa, também sentia a necessidade de melhorar as escolas da Suíça e pretendia a fundação de uma escola normal ou escola para a formação de novos professores.

Tinha, pois, planos semelhantes ao de Stapfer em Burgdorf, e as circunstâncias acabaram por localizá-lo no Castelo de Burgdorf, ao lado de Pestalozzi.

Em fins de 1799, a guerra da França contra os austríacos e russos ainda causava graves desastres em alguns lugares da Suíça, incluindo a aldeia de Gai'ss.

Fischer escreveu a seu amigo Steinmüller Claris, pastor em Gai'ss, pedindo-lhe trinta crianças pobres e desamparadas, bem como um jovem capaz de cuidar delas e que tivesse gosto para o ensino. Fischer se comprometeu a instruir e treiná-lo para ser um bom professor.

O pastor encarregou Krusi de acompanhar as crianças até Burgdorf, apontando para ele a vantagem de ser instruído por Fischer e Pestalozzi. Embora Pestalozzi já fosse bastante conhecido em toda a Suíça, Krusi jamais ouvira falar de nenhum dos dois, mas aceitou a oferta com entusiasmo.

E foi assim que, no ano de 1800, a Providência reuniu os três homens no Castelo de Burgdorf.

As crianças foram acolhidas por famílias da região e encaminhadas para a escola.

Pestalozzi, Fischer e Krusi viveram sob o mesmo teto.

Pestalozzi lecionando para suas crianças, e Krusi, orientado por Fischer, ensinava as novas crianças que chegavam.

No entanto, os meios para fundar uma escola normal não chegavam, e Fischer, não podendo esperar mais tempo, aceitou um cargo em Berna, onde foi nomeado professor e adjunto do conselho de educação. Pouco depois, Fischer adoeceu e desencarnou.

Pestalozzi, então, propôs a Krusi que eles deveriam unir suas escolas e seus esforços num trabalho comum.

Krusi aceitou a oferta, e foi assim que Pestalozzi encontrou o companheiro de trabalho que o acompanharia durante todo o trabalho em Yverdon.

Castelo de Burgdorf

Para unir as duas turmas, a dos refugiados pobres com os alunos de Pestalozzi, seriam necessárias melhores acomodações.

Graças a Stapfer, o Conselho permitiu a utilização de todas as acomodações do Castelo bem como uma parte do jardim para o cultivo de hortaliças.

Assim, surgiu uma nova escola, com dois professores que possuíam o mesmo ideal, a mesma meta e as mesmas ideias renovadoras.

Mas, com o crescimento da escola e o aumento dos alunos, Pestalozzi sentiu a necessidade de novos colaboradores.

Krusi, então, sugeriu seu amigo Tobler, que fora tutor de uma família em Bale e que, embora simples, tinha talento, imaginação e vontade de aprender e ensinar.

Quando precisaram de alguém que entendesse de canto, Tobler sugeriu Buss que, embora de família pobre, estudara música desde os oito anos de idade, tivera aulas de desenho aos onze e estudara grego, hebraico, lógica e retórica.

E embora seu pai esperasse que ele pudesse terminar seus estudos gratuitamente na Academia de Artes e Ciências em Stuttgart, ele foi dispensado por ser de origem muito baixa.

Buss, que tinha lido *Leonardo e Gertrudes* e já ouvira falar de Pestalozzi, aceitou imediatamente.

Assim, iniciou-se um grande trabalho, com esses quatro homens, diferentes em muitos aspectos, mas ligados por um mesmo sublime ideal: o de educar.

A comissão da Sociedade de Amigos da Educação visitou a escola e apresentou seu parecer em outubro de 1800, na casa do ministro das Artes e Ciências:

> *"Os alunos de Pestalozzi aprendem rapidamente a soletrar, ler, escrever e calcular. Em seis meses, eles chegaram a resultados que um professor da aldeia só poderia obter em três anos. Seguindo o caminho da*

Natureza, o método parte da intuição da própria criança e a leva, gradualmente, a ideias abstratas.

Outra vantagem deste método é que o mestre não é percebido. Ele nunca aparece como um ser superior. Ele olha, trabalha e parece aprender com as crianças, seus iguais, em vez de ensiná-las com autoridade."

A comissão termina seu relatório, afirmando:

"*Do que temos dito, o sistema de Pestalozzi deve ser introduzido em toda a Suíça... as vantagens seriam incalculáveis. A comissão só pode implorar à sociedade que use toda sua influência para ajudar Pestalozzi a fundar, em Berthoud, uma escola normal para professores do ensino fundamental ou primário...*"

Castelo de Burgdorf

O Instituto de Burgdorf

Em fins de 1800, Pestalozzi anunciou a abertura do Instituto Educacional no Castelo de Burgdorf, incluindo uma escola normal para formar professores.

O Instituto iniciou suas atividades no início de 1801 e durou apenas três anos e meio. No entanto, sua reputação foi além das fronteiras da Suíça.

Buss fez das aulas de música um momento alegre e animado, com as crianças ao ar livre quando caminhavam no pátio do castelo, no refeitório, por toda parte, enfim.

Certa vez, Buss reuniu cerca de trinta crianças, meninos e meninas, dois a dois, cantando e marchando pelas dependências do Castelo, quando, de repente, surgiu um homem de porte enorme, grande barba, ar grave e aspecto rabugento e rude, cantando também, com sua voz trovejante. Era Naef, o professor de ginástica.

Naef, embora de aparência severa e rude, era alegre e divertido. Fazia exercícios, andava, jogava e participava das atividades junto com os alunos, que sentiam prazer em sua companhia.

De outra feita, professores e alunos saíam em longas caminhadas pela região em busca de plantas e minerais que seriam usados nas aulas. As crianças observavam diretamente na Natureza, usando, sempre que possível, todos os órgãos dos sentidos, devendo, depois, descrever suas observações.

Observar um pássaro voando, uma borboleta esvoaçante, um inseto e outros animais despertava o interesse pelo estudo da Natureza, na flora e na fauna.

As próprias crianças, vivenciando cada momento, chegavam às próprias conclusões. Esta a essência do método chamado intuitivo. Observar, comparar, deduzir por si mesmo ou com o auxílio dos professores, de forma tal que cada ensinamento se tornava uma descoberta.

A escola estava longe, muito longe do que se praticava, na época, em outras escolas. Cada lição era vivenciada, não de forma isolada, mas com os conteúdos totalmente integrados. Por isso, seus opositores declaravam que Pestalozzi sequer tinha um plano de estudo.

O próprio Ramsauer, um de seus alunos que, posteriormente, viria a escrever suas memórias, embora reconhecesse as virtudes de Pestalozzi, chegava a afirmar que ele não tinha um plano de estudo e que as aulas eram dadas sem nenhuma ordem. Ledo engano.

Até mesmo um professor acostumado com as aulas tradicionais entre quatro paredes, onde cada um entra e leciona a sua matéria de forma isolada das demais, dificilmente entenderia a maravilhosa metodologia de Pestalozzi, que fazia de um passeio no campo a mais interessante e dinâmica aula de ciências. E mais, onde o professor não ensinava, mas levava o aluno a aprender de forma ativa, viva e profunda.

O próprio aluno, intuitivamente, ou seja, depois de ter observado, analisado e trabalhado sobre determinada questão ou problema, encontrava a solução por si mesmo.

Mais tarde, Jerome S.Bruner, Jean Piaget e outros, viriam a afirmar que a aprendizagem é um processo ativo, no qual os aprendizes constroem novas ideias ou conceitos, baseados em seus conhecimentos passados e atuais. Constroem hipóteses, fornecendo significado e organização às experiências que lhes permitem ir além das informações dadas.

Como veremos adiante, o significado da intuição para Pestalozzi está perfeitamente de acordo com as ideias de Piaget, ao afirmar que o conhecimento é construído pelo próprio indivíduo.

No entanto, ainda hoje, tanta confusão se faz com esses conceitos.

Há um fato na história de Burgdorf tido como anedota, mas que realmente aconteceu.

Um visitante, após observar o funcionamento do Instituto, afirmou surpreso:

- Mas isso não é uma escola, é uma família.

Ao que Pestalozzi respondeu:

- Esse é o maior elogio que você poderia nos dar. Eu tenho me esforçado para mostrar ao mundo que não deve existir um abismo entre a escola e a vida doméstica.

E, realmente, a organização da escola era semelhante a uma família. Krusi não lecionava apenas linguagem e aritmética, nem Tobler, geografia e história. Tampouco, Buss apenas lecionava geometria, desenho e música, e Naef, ginástica.

Não eram professores de determinada matéria. Não. Todos viviam aqueles momentos em íntima integração. Pestalozzi representava a figura do pai de todos, enérgico, mas amoroso, despertando um respeito profundo que nascia no calor do sentimento de carinho, gratidão e amor. Não apenas lecionava religião, vivia a religiosidade. Foi capaz de criar um ambiente onde reinava um sentimento elevado, confiança e fé. Deus não era louvado num altar ou templo, mas estava presente na Natureza e por toda parte.

A reputação do Instituto se propagava para outros países, especialmente a Alemanha. Mas os recursos financeiros eram poucos e não era possível receber novos alunos.

Quando Charles Victor de Bonstetten, célebre escritor

suíço, visitou Burgdorf, afirmou um prognóstico que viria a se realizar:

> - *Eu não sei se o método de Pestalozzi é bom, nem sei se ele tem um método. Mas eu vejo, claramente, que ele anda por caminhos desconhecidos e que conquistou resultados inéditos até agora, o que é da maior importância. Eu considero as ideias de Pestalozzi um germe rico e precioso, mas ainda jovem e em desenvolvimento. Seu sucesso deve convencer cada pensador imparcial de sua excelência. Mas vejo que será difícil para Pestalozzi encontrar seus iguais e temo que a rica colheita prometida por sua descoberta não será preservada para tempos futuros.*

Realmente, a "rica colheita prometida" não foi preservada para os "tempos futuros". Ainda hoje, vemos que Pestalozzi foi pouco ou quase nada compreendido.

Como Gertrudes Ensina seus Filhos

Era inverno no início de janeiro de 1801. Um vento frio soprava lá fora. A neve pincelava tons de branco sobre as árvores, em sintonia com as nuvens claras que pairavam sob um céu azul, quando Pestalozzi começou a escrever a seu amigo Enrico Géssner, editor em Zurique.

"Meu caro Géssner:

Você me diz que é tempo de explicar publicamente minhas ideias sobre a educação do povo.

Vou, pois, fazê-lo e, a exemplo de Lavater, que, um dia, deu a Zimmermann, Pontos de Vista sobre a Eternidade *(ou* Visão sobre a Eternidade*), da mesma forma, eu, em uma série de cartas, vou expor, tão claramente quando puder, meus pontos de vista, ou melhor, minhas opiniões sobre este assunto."*

Assim, nascia uma de suas mais preciosas obras: "*Como Gertrudes Ensina seus Filhos*"

"A educação do povo se me apresentava como um imenso pântano; eu entrei na lama e tenho lutado com violência, até que reconheci, finalmente, as fontes que alimentaram a água, os obstáculos que obstruíam seu curso, e os locais onde seria possível desviar sua úmida putrefação.

Eu vou agora conduzi-lo por um momento através das falsas estradas de que eu finalmente me libertei, mais pelo acaso do que pela minha inteligência e meu conhecimento.

Por um longo tempo já, desde a minha juventude, meu coração, como um rio poderoso, seguia um único pensamento, o de secar a fonte da miséria em que vi as pessoas presas em volta de mim.

Há mais de trinta anos que pus mãos à obra no que agora me ocupo. Eu tinha uma mão no trabalho que estou buscando agora. As Efemérides de Iselin lá estão para atestar que o sonho de minhas aspirações não é maior hoje do que aquilo que eu queria realizar antes.

Eu vivi por anos entre mais de cinquenta jovens mendigos; compartilhei com eles o meu pão na pobreza, vivia eu mesmo como um mendigo para ensinar aos mendigos a viver como homens.

A formação ideal compreendia a agricultura, a indústria e o comércio. Eu estava nas três áreas, cheio de elevadas ideias e seguro quanto à essência desse plano, e até hoje não reconheço qualquer erro nos fundamentos do mesmo. Mas, por sua vez, não é menos verdade que me faltava, nos três ramos, atenção aos detalhes e uma alma capaz de se fixar firmemente nas pequenas coisas; também não era rico o suficiente e estava demasiadamente isolado para realizar com pessoal suficiente, sob o meu comando, o que me faltava. Meu plano falhou."

O livro é composto por quatorze cartas que abordam seus princípios pedagógicos, que surgiram através de suas experiências.

Da quarta à décima primeira carta, trata da educação intelectual, a décima segunda refere-se à educação física, e as duas últimas, à educação moral e religiosa.

Heinrich Morf, biógrafo de Pestalozzi, afirmou sobre esta obra:

> *"Esta é, de longe, a mais importante e mais bem pensada de suas obras pedagógicas, e sua importância não é apenas para o presente, mas para o futuro. (...) Eu poderia afirmar que são revelações que a Providência havia destinado a ele para entregar a nós. (...) Este livro é e será a pedra fundamental da educação do povo..."* *

(*) Zur Biographie Pestalozzi's Geschiehte Der Volkserziehung... de Heinrich Morf

- *Então, você viu Napoleão?* - perguntou Buss.

- *Não* - respondeu Pestalozzi.

- *E nem ele me viu!* - completou, sorrindo.

Pestalozzi chegava de Paris, onde participou, como deputado suíço, de uma audiência com uma comissão nomeada pelo Primeiro Cônsul.

Tentou falar com Napoleão, mas o Primeiro Cônsul não o recebeu, afirmando que '*tinha mais o que fazer do que discutir questão do ABC*'.

Até mesmo Gaspard Monge, um dos sábios da Revolução Francesa, inventor da Geometria Descritiva, depois de ouvir pacientemente as ideias de Pestalozzi, afirmou: "*É demais para nós.*"

Quando percebeu que não poderia fazer nada em Paris, Pestalozzi retornou para Burgdorf.

A França rejeitou as ideias de Pestalozzi, mas as mesmas se espalharam por toda a Europa, onde os governantes estavam interessados em introduzir um novo sistema de ensino nas escolas de ensino fundamental.

Essa foi uma época difícil para Pestalozzi. Em fins de 1801, seu filho desencarnou em Neuhof, deixando-lhe um neto.

Anna Pestalozzi deixou Neuhof e veio se juntar a seu marido, mas triste e doente, raramente deixava o seu quarto.

Depois, sua esposa Anna, sua nora, seu neto Gottlieb e Elisabeth se mudaram para Burgdorf.

Anna Magdalena
Nora de Pestalozzi

Gottlieb - neto de Pestaloazzi
na época da escola de Yverdon

Graves mudanças políticas ocorreram na Suíça, e as autoridades do cantão de Berna exigiram a desocupação do Castelo que abrigava o Instituto, pois nele se instalaria o governo da cidade.

O Instituto foi transferido para o Castelo de Munchenbuchsee, perto de Burgdorf.

Castelo de Munchenbuchsee

Pestalozzi em Munchenbuchsee

Em junho de 1804, Pestalozzi transferiu seu instituto para o castelo de Munchenbuchsee e aceitou a colaboração de Fellenberg, que assumiu o controle administrativo enquanto ele ficava com a direção pedagógica.

Philipp Emanuel von Fellenberg, engenheiro agrônomo e educador, possuía uma escola na vila de Hofwil em Munchenbuchsee.

Fellenberg era amigo de Pestalozzi havia vinte anos, tendo ambos trocado grande número de correspondências. Era um agricultor inteligente, excelente administrador e de grande capacidade prática. Apesar de ter um bom coração, tinha um espírito dominador e inflexível.

Os dois homens eram bem diferentes, e um aspecto causou a ruptura: Fellenberg era contra uma das principais preocupações de Pestalozzi: a educação das crianças carentes.

A situação se tornou insustentável, e tiveram que se separar.

Nessa época, Pestalozzi recebeu várias ofertas para transferir o Instituto, dentre elas, as ofertas das cidades valdenses de Payerne, Yverdon e Rolle.

Aceitou o convite da administração da cidade de Yverdon, para abrir uma escola naquela cidade, onde se falava a língua francesa.

Assim, já na segunda metade do ano de 1804, Pestalozzi, em conjunto com seus colegas professores, começou a definir o novo instituto no castelo de Yverdon.

Castelo de Yverdon

Pestalozzi em Yverdon

Um vento suave soprava liberdade e esperança enquanto o Sol brilhava exultante naquele dia lindo no início de outubro de 1804.

Algumas árvores ainda teimavam em manter as folhas verdes, saudosas da primavera e do verão, que mergulhavam no passado. Outras iam tingindo suas folhas de amarelo alaranjado, lembrando que já era outono.

Algumas folhas caíam balouçando no ar, despindo as árvores, prenunciando o inverno rigoroso que se aproximava.

Pestalozzi, Krusi e Buss entraram em Yverdon encantados com a sensação de paz e tranquilidade. Em seguida, vêm Niederer, Barraud e alguns alunos que se transferiram de Münchenbuchsee.

Yverdon fica no cantão de Vaud, muito próximo da vasta planície da Orbe e das colinas do Broye, às margens do Lago de Neuchâtel, a cento e cinquenta quilômetros de Genebra.

O pequeno grupo, depois de olhar o Castelo onde fariam funcionar a nova escola, instalou-se, temporariamente, em uma casa na Rue du Quatro, enquanto o castelo recebia alguns reparos.

Rua Sala nos dias de hoje. O número 74 ficava à esquerda, próximo da esquina. A rua foi ampliada, tornando-se mais larga. O prédio antigo foi demolido entre 1840 a 1850.

Nascimento de Denisar

Naquele momento, em Lyon, na França, a duzentos e trinta quilômetros de Yverdon, Jeanne Louise Duhamel embalava seu filho recém-nascido, quando Jean Baptiste Antoine Rivail entrou no quarto, colocou o chapéu no suporte, beijou a esposa e tomou nos braços o pequeno Denisard Hypolite, sem saber que aquele pequeno ser era um dos mais lúcidos trabalhadores de Jesus, encarregado de grave e preciosa missão em nível planetário.

Jeanne Louise, natural de Burg de L'Ain, restabelecia-se, devido à gravidez, naquele *Estabelecimento de Águas Minerais*, na rua Sala, 74, em Lyon, quando nasceu seu filho, no dia três de outubro de 1804.

Foi registrado com o nome de Denisard Hypolite Leon

Rivail, embora tenha assinado suas obras pedagógicas como Hippolyte Léon Denizard Rivail.

Algum tempo depois, a família retornou para Burg de L'Ain, comuna francesa do departamento de Ain, na região Rôdano-Alpes, hoje conhecida como Bourg-en-Bresse. Isso explica a afirmação de Allan Kardec na Revista Espírita de julho de 1862: *"...jamais morei em Lyon."*

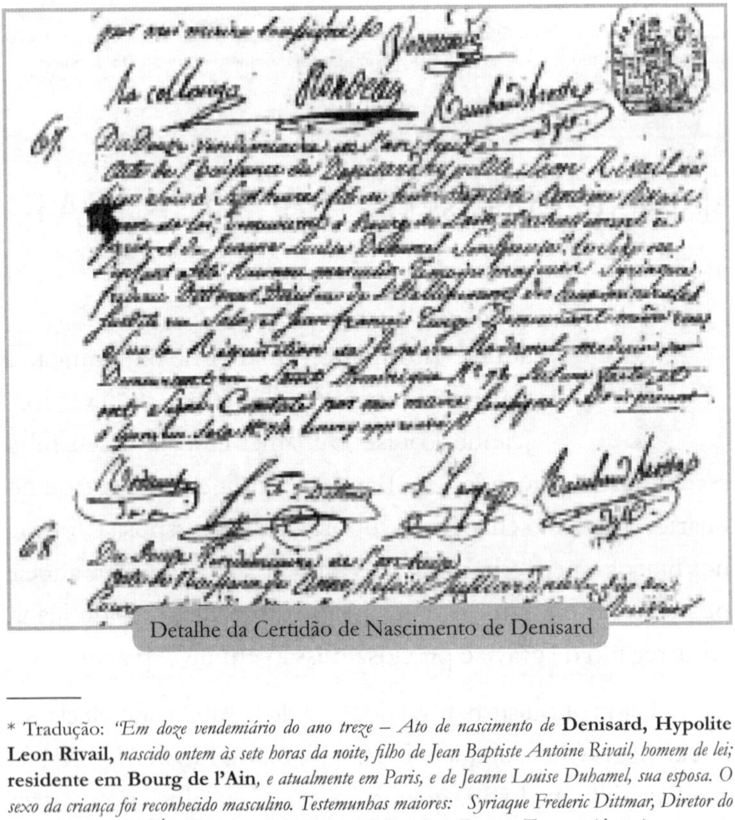

Detalhe da Certidão de Nascimento de Denisard

---

* Tradução: *"Em doze vendemiário do ano treze – Ato de nascimento de* **Denisard, Hypolite Leon Rivail,** *nascido ontem às sete horas da noite, filho de Jean Baptiste Antoine Rivail, homem de lei;* **residente em Bourg de l'Ain**, *e atualmente em Paris, e de Jeanne Louise Duhamel, sua esposa. O sexo da criança foi reconhecido masculino. Testemunhas maiores: Syriaque Frederic Dittmar, Diretor do Estabelecimento de Água Minerais, sobredita rua Sala, e Jean François Targe, residente à mesma rua, sob requisição do Sr. Pierre Rodamel, médico residente à rua Saint Dominique, n.° 78. Leitura feita, e assinaram. Constatado por mim, prefeito abaixo assinado / e* **presentemente em Lyon, rue Sala n.° 74.** *(...)"* (grifo nosso)

O Instituto de Yverdon

Em fevereiro de 1805, começou a funcionar o Instituto de Educação em Yverdon, nos mesmos moldes que o de Burgdorf.

Os primeiros professores de Yverdon foram: Krusi, Buss, Niederer, Barraud e Schmid.

Além das crianças de Yverdon, muitas vieram de Burgdorf, mas muitas outras vieram de vários países da Europa. O Instituto também foi visitado por vários homens de alta posição social e influência para aprenderem o sistema e adotarem em seus países de origem.

Muitos alunos chegaram à idade adulta e se tornaram colaboradores da obra ou se destacaram em elevados cargos em diversos países da Europa.

As disciplinas estudadas eram: Matemática (aritmética e álgebra), Geografia, História, Ciências Físicas, Química, Zoologia, Botânica e Religião. Na escola, estudavam e falavam Alemão e Francês, mas também aprendiam Latim, Morfologia, Arte em geral e em especial a música. Também não se descuidavam da higiene pessoal e da ginástica.

A escola tinha alunos de diversos países, de línguas e costumes diferentes, o que dificultava a comunicação. A língua falada na região de Yverdon, como em todo o cantão de Vaud, era o francês, mas todos os alunos estudavam também o alemão. A maior dificuldade era com os alunos de língua italiana e inglesa.

Os alunos, em sua maioria, eram internos, e o estudo era em período integral. Durante as aulas, os alunos aprendiam em grupos. Os que se destacavam em um assunto eram utilizados como "monitores" * para seus colegas de classe. O clima geral era de cooperação e amizade fraterna.

Mas o horário era flexível, e as crianças tinham aprendizagem também de forma individual, além de muitas atividades fora dos muros do castelo, seja na ampla área em sua volta, seja por outras regiões de Yverdon e até mesmo fazendo visitas a outras regiões e países.

No total, as aulas podiam ocupar até sessenta horas por semana, o que era muito mais do que se praticava na Suíça e na Alemanha.

(*) O chamado sistema de monitoria ou de "instrução mútua" foi idealizado de forma independente pelo educador inglês Joseph Lancaster e pelo escocês Andrew Bell. O sistema também ficou conhecido como Bell-Lancaster. Pestalozzi, contudo, utilizava sistema semelhante em que o que mais sabe, ajuda o que sabe menos, tanto em Stanz, como em Burgdorf e Yverdon.

Os alunos permaneciam no Instituto até atingir a idade de 15 anos, a menos que quisessem ficar como *Seminaristen.**

Entre 1807 e 1809, a escola era constituída de cento e sessenta e cinco alunos, trinta e um professores e estagiários, trinta e dois "seminaristen" que, contando com a família de Pestalozzi e os demais servidores (cozinheira, faxineira, etc.), perfaziam um total de duzentos e cinquenta pessoas.

O Instituto recebia tanto alunos altamente dotados quanto alunos de baixo nível intelectual ou mesmo com alguma deficiência física ou mental.

Os professores informavam regularmente aos pais sobre o progresso de seus filhos. As crianças não deveriam ser comparadas umas com as outras, pois, para Pestalozzi, a capacidade de uma criança só deveria ser medida pelos seus próprios méritos individuais. Isso tornava a forma de avaliação bem diferente em relação às escolas tradicionais. Não tinha testes, nem marcas ou relatórios. Os professores acompanhavam os alunos, verificando o progresso alcançado por cada um em relação a si mesmo.

Não havia regras rígidas e proibições, muito menos castigos físicos. As ocorrências eram analisadas, e as decisões tomadas após cada acidente, caso a caso.

Na verdade, o ambiente era de uma grande família, onde os professores conviviam livremente entre os alunos. Alguns professores moravam no próprio castelo, onde dormiam e

(*) *Seminaristen*, seminarista não tinha aqui a conotação de aluno de curso teológico, mas se referia ao aluno que, terminado o curso regular, permanecia para se aperfeiçoar, geralmente tornando-se professor.

comiam junto com os alunos. Os professores exerciam uma autoridade natural, baseada no respeito mútuo e na amizade.

De manhã e à noite, Pestalozzi pronunciava suas meditações na grande sala que servia de Capela, onde se reuniam professores e alunos. A reunião simples terminava com um canto e uma oração.

Mme. Krusi, a mesma Elizabeth Naef que auxiliara Pestalozzi em Neuhof, agora casada com o irmão do professor Krusi, cuidava da cozinha de acordo com a culinária e os hábitos da Suíça Alemã. Os pratos eram bons e saudáveis e servidos em abundância, segundo as necessidades.

Pestalozzi e sua esposa ocupavam um apartamento no segundo andar, no lado norte. Muitas vezes, convidavam os professores para tomar café com eles e, de outras vezes, alguns alunos e visitantes também eram ali recepcionados.

À noite, Pestalozzi costumava caminhar pelos corredores e visitar os dormitórios dos alunos, verificando as acomodações. Algumas vezes, a prece da noite era feita no próprio dormitório. Depois, retornava aos seus aposentos e, na pequena sala que lhe servia de escritório, punha-se a escrever.

Vários discursos foram escritos nesse período, embora pouco conhecidos do público.

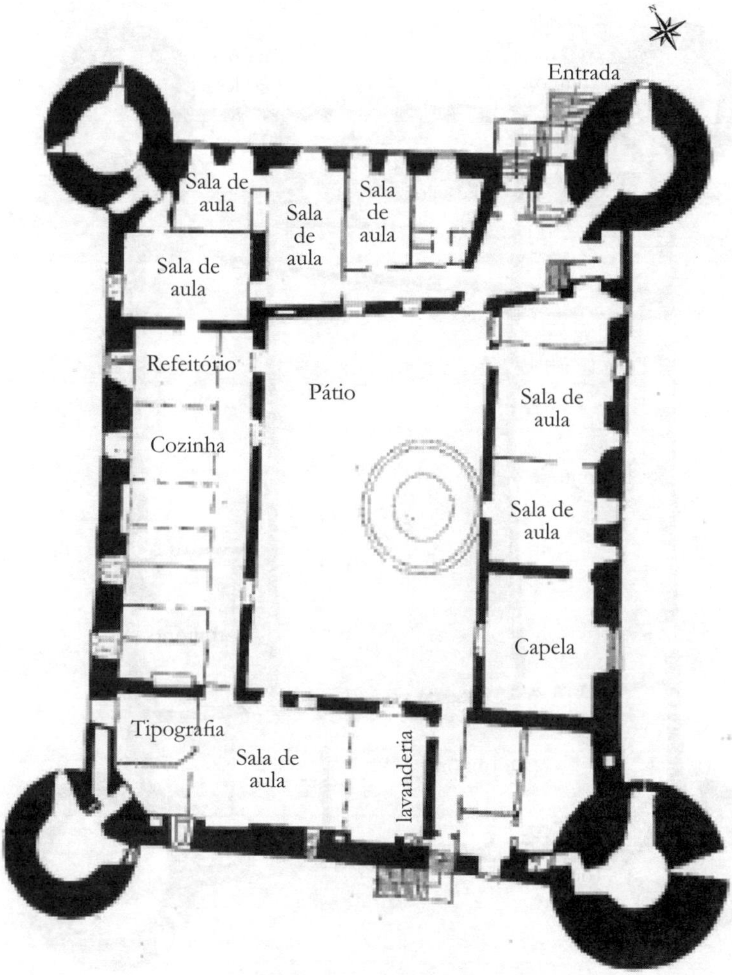

Detalhes do Castelo de Yverdon
Nível do pátio

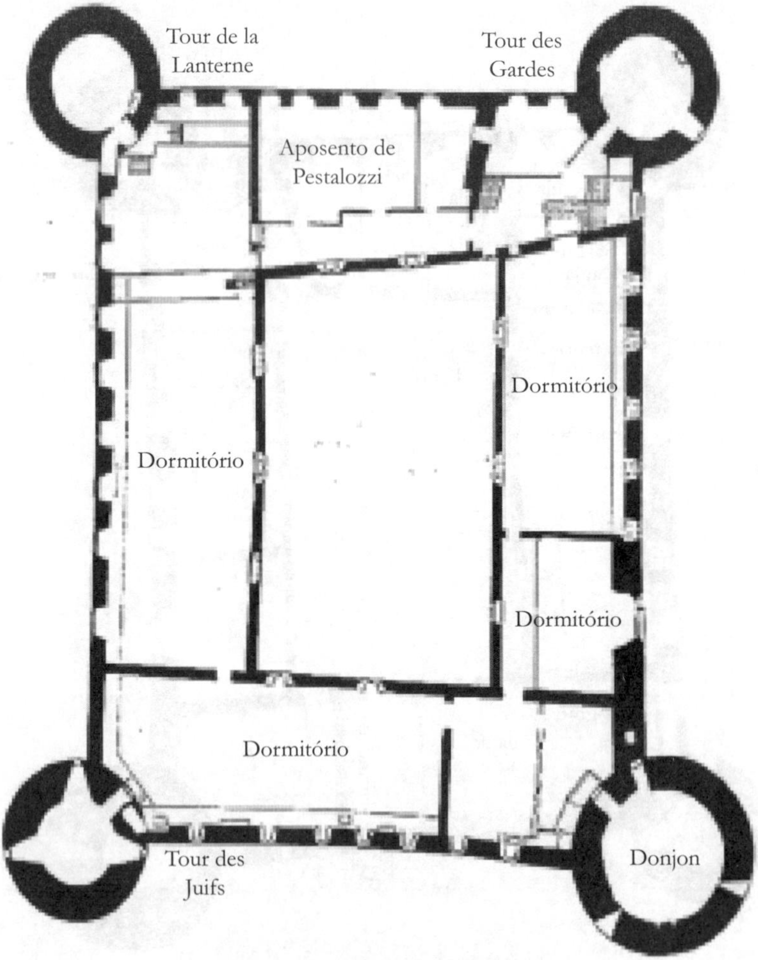

Detalhes do Castelo de Yverdon
Pavimento superior

O castelo e seus jardins no tempo do Instituto Pestalozzi

O ESTUDO EM YVERDON

Na época, ao lado do castelo, havia uma vasta área utilizada como jardim, com plantações diversas.

Eram comuns as aulas ao ar livre, onde as crianças podiam observar detalhes da natureza, descrever e desenhar plantas, animais e rochas, permitindo a elas uma visão ampla da Natureza, onde os minerais, vegetais e animais eram estudados como partes de um mesmo ambiente e não de forma isolada.

Nessa área, os alunos praticavam jardinagem, podendo fazer o projeto de seu próprio jardim ou horta e escolhendo as plantas mais adequadas ao solo e ao clima. Aprendia-se muito de botânica nesses momentos, e as atividades em sala de aula apenas complementavam esse conhecimento.

Gradualmente, as crianças aprendiam a fisiologia, morfologia, classificação e outros aspectos das plantas, observando na própria Natureza, depois, descrevendo e desenhando.

Algumas crianças, quando demonstravam interesse, eram autorizadas a ter animais de estimação, especialmente coelhos. Mas cada animalzinho requeria cuidados especiais como higiene e alimentação, e as crianças não podiam descuidar disso, o que desenvolvia o senso de responsabilidade.

Roger de Guimps e seu coelhinho. Aluno de 1808 a 1817.

Muitas vezes, de manhã ainda muito cedo, os alunos saíam em caminhadas organizadas, que faziam parte das aulas de Geografia e Ciências. Caminhavam pelo estreito vale nos arredores de Yverdon, no fundo do qual corre o Buron. Todos deviam observar o vale no seu conjunto e em suas particularidades até que tivessem a intuição completa do todo.

Antes de retornar à escola, cada um deveria recolher punhados de argila que existia no local e encher as cestas que haviam levado para esse fim.

De volta ao castelo, sentavam-se diante de longas mesas para modelar o vale que haviam observado.

No dia seguinte, nova caminhada, novas explorações, procurando observar tudo, analisar cuidadosamente até que pudessem, do alto do Montéla, observar todo o conjunto da bacia de Yverdon.

Assim, após terminar o trabalho em relevo, com argila, passavam a estudar a carta geográfica, a relação do homem com a terra, como vivem os homens, as plantas, os animais. Entrava-se, então, no estudo da geografia política, estudando as aldeias e vilas, as cidades, a família, a escola, as leis, o governo.

Da região de Yverdon era possível avistar as Montanhas Jura e os Alpes Suíços*, bem como as regiões planas onde predominavam vegetação rasteira, como prados e pastagens, e algumas áreas com árvores de elevado porte. As terras próprias para a agricultura estavam situadas nessas planícies.

As crianças também utilizavam argila para demonstrar acidentes geográficos de certas regiões, como montanhas, planícies, rios e lagos.

Isso permitia aos alunos um conhecimento correto da geografia, compreendendo as diferentes superfícies de diversas regiões, relacionando ao clima, chuvas, neve, erosão.

Desenhos simples da região também auxiliavam a compreensão de mapas mais complexos.

Ao mesmo tempo, a observação das plantas e animais levava ao estudo de Botânica e Zoologia, relacionado com a Geografia, compreendendo a influência do clima e do relevo na flora e na fauna da região.

(*) Devido a grande diferença de altitudes, a Suíça apresenta uma grande diversidade de climas, bem como de animais, plantas e de minerais. Em geral, o clima é temperado, apresentando grande amplitude entre verões amenos e invernos rigorosos, enquanto o topo das montanhas está sempre coberto de neve.

Compreendiam que existem plantas que vivem sob o Sol, outras que gostam do clima frio e resistem a geadas, mas que devem ser semeadas durante o outono. Outras gostam de clima ameno.

Os trabalhos manuais tinham uma valiosa importância na educação. Realizavam trabalhos de artesanato com tecido, papel e especialmente madeira. Os alunos aprendiam a trabalhar com diversas ferramentas como serras, martelos, esquadro, prensas e até mesmo com um torno. Ao trabalhar com madeira, também aprendiam noções de medidas, soma, subtração, multiplicação e divisão.

Desenho, pintura e modelagem com argila eram muito utilizados, não de forma isolada, mas para ilustrar outras atividades, a exemplo do que observavam nos passeios ou nas aulas ao ar livre, como plantas, animais e detalhes do relevo.

Lago Neuchâtel - vista de Yverdon

No verão, os alunos se banhavam no lago próximo e praticamente todos aprendiam a nadar.

Certa manhã, bem cedo, as crianças saíram para uma caminhada até o Lago Neuchâtel *.

Um grupo de crianças, sob o comando do professor Buss, começou a cantar em alemão e em voz alta:

*Vorbei die dunkle Nacht,**
Der helle Tag kommt wieder!
Die Vöglein sind schon aufgewacht
Und singen Morgenlieder.
Wach auf, wach auf, mein Herz auch du,
Und hebe an zu singen...

(*) O Lago Neuchâtel é o maior lago inteiramente na Suíça.
É compartilhado pelos cantões de Neuchâtel, Vaud, Friburgo e Berna.
Yverdon fica no cantão de Vaud ao sul do Lago Neuchâtel.

(*) Longe vai a noite escura,
O dia brilhante está voltando!
Os pássaros já estão acordados
E cantam de manhã
Acorde, acorde, meu coração você também,
E levante para cantar

Logo atrás, outras crianças, principalmente francesas, que ainda não dominavam o alemão, olhavam-se incomodadas.

O professor De Muralt*, que viera de Paris e falava muito bem o francês, aproximou-se dos alunos constrangidos a cantar em alemão e, cochichando, improvisou a mesma melodia em francês. Assim, em alguns minutos, as vozes das demais crianças de língua francesa se fizeram ouvir:

*Finie la nuit noire.**
La journée ensoleillée est à venir!
Les oiseaux se sont réveillés
Et chanter des chansons dans la matinée
Réveillez-vous, réveillez-vous, mon cœur aussi
Lève-toi pour chanter

E, assim, as crianças, vencendo as próprias diferenças, caminharam alegres até o Lago Neuchâtel, onde, no verão, eram autorizadas a nadar sob a supervisão dos professores.

A alegria era geral, e as diferenças culturais eram superadas pela camaradagem e pela diversão do momento.

Assim, durante uma "aula-passeio", aprendia-se Geografia e Ciências em contato direto com a Natureza, vivenciando as experiências em clima de alegria e camaradagem. A própria caminhada auxiliava o desenvolvimento físico dos alunos.

(**) De Muralt, homem culto, simples e amigável, tornou-se, mais tarde, diretor de um importante estabelecimento de ensino em São Petersburgo.

L'Hôtel de Ville, N°2, onde funcionou o Instituto das Meninas.

O Instituto para Meninas

Em 1806, o coração generoso de Pestalozzi o levou a abrir um Instituto para Meninas. A direção do Instituto, nos primeiros tempos, ficou a cargo de Anna Magdalena Custer Pestalozzi, viúva de seu filho Jakob.

Os professores foram os mesmos do Instituto de meninos, pois as disciplinas também foram as mesmas.

Em 1809, o Instituto para Meninas passou a ser dirigido por Rosette Kasthofer, de Berna, então com trinta anos, que falava a língua francesa muito bem.

Em 1814, ela se casou com o Pastor Johannes Niederer, um dos principais colaboradores de Pestalozzi e, então, receberam o Instituto como um presente de casamento de Pestalozzi.

Johannes Niederer.

Rosette Niederer-Kasthofer

O Instituto para Meninas hospedava cerca de quinze meninas em regime de externato e cerca de vinte a trinta internas, vindas de outras partes da Suíça e países estrangeiros. As meninas recebiam uma educação abrangente, baseada no respeito e no amor, que incluía o aspecto intelectual, emocional, espiritual e físico. Eram divididas em três turmas, de cinco a nove anos, entre nove e dezoito e finalmente um seminário para a formação de futuras professoras. Estudava-se com prioridade o francês e o alemão, mas também o italiano e o inglês, incluindo ortografia, gramática e literatura.

Estudava-se também aritmética, geometria, geografia, ciências naturais, meio ambiente, história, contabilidade, filosofia, moral, religião, ginástica rítmica, canto e desenho.

As meninas noivas ou que se preparavam para o casamento também aprendiam limpeza, culinária e educação sexual.

Entre 1813 a 1836, o Instituto recebeu meninas da Suíça, Alemanha, França, Itália, Rússia e Inglaterra, de todas as classes sociais, inclusive da realeza, tanto católicas, como protestantes e ortodoxas.

Instituto para surdos-mudos - Rue de la Plaine N° 39

O Instituto para surdos-mudos

O castelo de Yverdon já albergava uma criança surda-muda, Jakob Krüsi, com grande atraso mental, o que levava a imaginar que a deficiência física era a causa do problema mental.

No entanto, Pestalozzi notou também uma criança pobre e surda-muda, filho de um estalajadeiro, o jovem Louis Charles que, apesar da deficiência física, demonstrava grande vivacidade de Espírito. Percebeu que, se tais crianças recebessem ajuda adequada, poderiam vencer suas limitações físicas e desenvolver suas potencialidades intelectuais e morais.

Pestalozzi tinha um amigo em Zurique, Johann Konrad Ulrich, que estava tentando criar um Instituto para crianças surdas em sua cidade Natal. Ao entrar em contato com Ulrich,

um jovem de vinte anos, de nome Johann Konrad Naef, treinado por Ulrich, interessou-se em trabalhar com Pestalozzi.

Naef chegou em Yverdon em 1809, procurando inteirar-se do método de ensino utilizado no castelo, chegando à conclusão de que seria muito útil no tratamento de surdos-mudos.

Em 1811, Naef fez um curso de formação em Paris no l'Institut de l'abbé de l'Epé, famoso em toda a Europa.

Em 1º de julho de 1813, Naef fundou uma escola especializada para surdos-mudos, independente do Instituto do Castelo, mas com o apoio de Pestalozzi.

O ensino seguiu os princípios da Instituição de Pestalozzi, as crianças aprendiam línguas através de gestos, que Naef chamava de linguagem de sinais. Ainda possuíam aulas de desenho, cálculo, geometria, geografia, ginástica, além de outras atividades, pois, para Naef, um surdo é "um ser capaz de verdadeira educação e cultura".

Em 1815, ele se casou com Charlotte Scherer e montou o Instituto para Surdos em sua própria casa, na Rue de La Plaine, nº 39.

Em seguida, Naef recebeu outro professor, Johann Walder, que permaneceu no Instituto por toda a sua vida.

Johann Konrad Naef morreu subitamente em 1832. Corajosamente, sua esposa, Charlotte Naef-Scherer, assumiu a gestão do Instituto com a ajuda de sua filha mais velha, Maria, de 15 anos, e do professor Johann Walder.

Fichte - Discurso à Nação Alemã

Johann Gottlieb Fichte, filósofo alemão de grande influência no movimento chamado idealismo alemão, pronunciou seu famoso *Discurso à Nação Alemã**, ainda durante a ocupação militar pelos exércitos de Napoleão. Incentivou o povo a construir a nação alemã, superando a dominação estrangeira e propondo a sua unificação.

Depois de afirmar que a educação era o único meio de elevar as pessoas, falou de Pestalozzi, suas ideias e métodos de educação.

O resultado foi que dezessete estudantes foram enviados a Yverdon, custeados pelo estado alemão, com o objetivo de aprender e disseminar as ideias de Pestalozzi.

(*) *Discursos À Nação Alemã* de Fichte foi publicado em Berlim em 1808.

Os reis da Holanda e da Dinamarca seguiram o mesmo exemplo e enviaram professores a Yverdon.

Karl Justus Blochmann, educador alemão, depois de passar oito anos estudando e lecionando no Instituto de Yverdon, promoveu uma grande reforma escolar na Saxônia, cuja instrução popular ocupou elevada posição na Alemanha.

Assim, o Instituto de Yverdon recebia inúmeros visitantes de várias partes da Europa, o que, muitas vezes, chegava a perturbar as aulas e as atividades do dia a dia.

Carl Ritter

Em setembro de 1807, o professor Carl Ritter e dois alunos chegaram a Yverdon para conhecer a escola.

Nessa época, Ritter era tutor dos filhos de Bethmann Hollweb, famoso banqueiro de Frankfurt.

Passou uma semana acompanhando os trabalhos da escola e em calorosos diálogos sobre educação com Pestalozzi, Niederer, Tobler, Muralt e Krusi, com quem travou grande amizade. Encantou-se com a obra e retornou dois anos depois para novos estudos.

Acompanhou as atividades diárias do Instituto, desde o culto matinal, as orações e exortações de Pestalozzi, que calavam fundo no coração dos alunos. Percebeu que todos o veneravam e o amavam como a um pai.

Certa noite, vamos encontrar Carl Ritter sentado junto a Pestalozzi, então com sessenta e um anos, e sua esposa, compartilhando uma refeição simples juntamente com vários professores, num ambiente que mais parecia uma grande família do que uma escola. Anna, então com sessenta e nove anos, parecia-lhe um modelo de virtude modesta e rara delicadeza.

Passando a travessa de salada a Anna, após um franco elogio de Ritter a sua pessoa, Pestalozzi lhe disse:

> - *Não posso dizer que criei o que você vê ao redor, nem que sou o mestre. Niederer, Krusi e Schmid iriam rir de mim. Entendo quase nada de gramática e matemática. Sou apenas o Surveyor (supervisor, superintendente) do Instituto.*

Carl Ritter, então, espantou-se ao constatar que a grandeza de Pestalozzi era igual à sua humildade e simplicidade. Um gigante na dedicação, firmeza, persistência e seu imenso amor à causa da educação e às crianças.

Mais tarde, ele afirmaria:

> - *Eu vi mais do que o paraíso da Suíça, eu vi Pestalozzi, aprendi a conhecer seu coração e sua genialidade. Nunca me senti tão impressionado com a santidade da minha vocação como quando eu estava com este nobre filho da Suíça. Eu não posso recordar sem emoção desta sociedade de homens fortes lutando com o presente, com a finalidade de limpar o caminho para um futuro melhor, homens cuja única alegria e recompensa é a esperança de elevar a criança para a dignidade do homem. Eu vi essa preciosa planta crescer, eu vi o fluxo da nascente que a regou e respirei o ar puro que a alimentou. Eu aprendi a compreender esse método que se baseia na natureza da criança e se desenvolve como a verdade em liberdade. Resta-me aplicá-la ao domínio da geografia.*"

(*) Ritter é considerado, juntamente com Humboldt, um dos fundadores da moderna geografia.

FRIEDRICH FROEBEL

Em 1805, um jovem mestre-escola de Frankfurt, Alemanha, leu algumas obras de Pestalozzi e se encantou com as suas concepções pedagógicas.

Em 1807, o jovem Friedrich Froebel, então com vinte e cinco anos, vai para Yverdon com dois de seus alunos, conhecer a obra de Pestalozzi. Encantou-se de tal forma, que lá permaneceu por mais de dois anos. Tornou-se um entusiasta das ideias de Pestalozzi que, sem dúvida, foram decisivas em sua vida como pedagogo.

A ideia de que a criança é semelhante a uma planta que se desenvolve gradualmente, inspirou a criação do seu "*Jardim da Infância*", abrindo espaço para a educação das crianças com menos de sete anos anos.

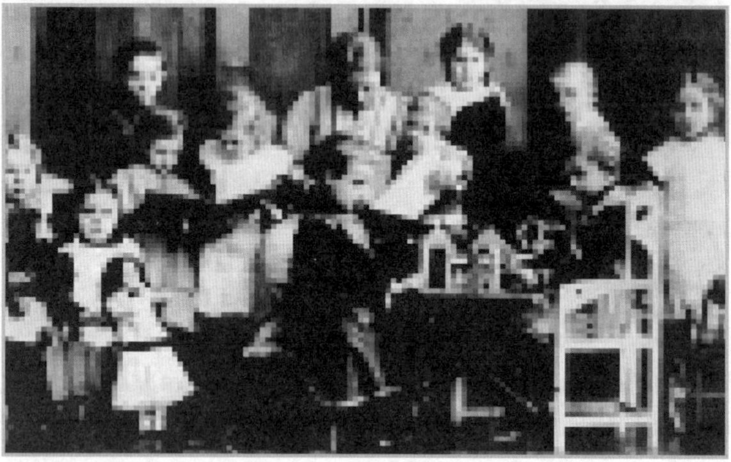

Essa foi a principal contribuição de Froebel para a infância, uma educação que se inicia em tenra idade, de forma dinâmica, em que a criança é um ser ativo, não ouvindo aulas teóricas, nem recebendo tudo pronto, mas participando ativamente de cada atividade, de cada descoberta quando, ela própria, consegue compreender a essência dos fenômenos. Esta, aliás, era a ideia central do que Pestalozzi chamava de método intuitivo, em que as crianças descobriam a essência das coisas antes de ouvir suas definições.

Assim como Pestalozzi, Froebel tinha uma visão da educação integral, humana e profundamente religiosa.

Froebel praticamente utilizou as mesmas ideias com as crianças pequenas, abrindo um universo novo para as crianças em idade pré-escolar.

Em 1835, o governo de Berna o convocou como diretor do Orfanato do Castelo de Burgdorf, onde teve um longo período para reunir observações sobre a educação das crianças pequenas, iniciando a criação de jogos e materiais lúdicos para essa faixa etária.

Alguns anos depois, Froebel abriu o primeiro jardim de infância, onde as crianças eram consideradas como plantinhas de um jardim, do qual o professor seria o jardineiro.

Utilizava atividades práticas, em que a criança participava ativamente de seu processo de desenvolvimento através do contato com a natureza, jardinagem, modelagem, canto, pintura e atividades lúdicas. Froebel criou um material pedagógico muito rico: os "dons" e as "ocupações", constituído por sólidos geométricos, gravuras coloridas e materiais para trabalhos manuais, além de atividades sensório-motoras como pintura, desenho, tecelagem, etc. O ambiente deveria estimular o interesse infantil, proporcionando a vontade de realizar novos trabalhos, ampla interação social e contato com a natureza, com o objetivo de atingir o pleno desenvolvimento das potencialidades interiores das crianças.

Dissensões entre Schmid e Niederer

Pestalozzi tinha dois ajudantes poderosos em Yverdon para a execução dos seus planos: Joseph Schmid e Johannes Niederer.

Joseph Schmid viera do Tirol, tendo sido acolhido por Pestalozzi em Burgdorf, onde estudou, fazendo rápidos progressos no ensino da matemática. Embora de formação católica, havia se tornado, talvez por influência de Pestalozzi, indiferente aos dogmas e rituais da Igreja.Tornou-se o administrador financeiro do Instituto.

Niederer, pastor evangélico e Doutor em Filosofia, além de professor, cuidava da publicidade, revisão e correção das obras de Pestalozzi.

No entanto, nenhum dos dois homens, embora suas

qualidades, possuía a simplicidade, o desinteresse e a perfeita confiabilidade de Krusi, Tobler e Buss.

O germe da discórdia se insinuou entre os dois, que chegaram a causar grande mal-estar em Pestalozzi e em toda a escola. Suas ideias se tornaram incompatíveis, e eles não conseguiam se entender nem gostar um do outro, o que levou Pestalozzi a afirmar em um dos seus discursos que "*o amor desapareceu entre nós*".

A escola também sofreu ataques de outras partes da Suíça e da Alemanha. A causa das críticas estava na natureza das coisas. O método de Pestalozzi era incompatível com o método das escolas públicas.

Os ataques externos acenderam as divergências internas a tal ponto, que Schmid foi obrigado a deixar o Instituto. Ele saiu em julho de 1810, com alguns de seus seguidores.

Pestalozzi tinha perdido vários de seus colaboradores: Tobler, Buss, Steiner, Muralt, Mieg e Hoffmann. A maioria desses amigos tinha deixado o Instituto para difundir, no exterior, os princípios de seu método.

Assim, o Instituto começou a declinar, perdendo professores e alunos e passando por sérios problemas financeiros.

Mas, no verão de 1811, um francês chegou a Yverdon e exerceu uma grande influência sobre o estado futuro do Instituto.

Seu nome é Marc-Antoine Jullien, de Paris, Cavaleiro da Legião de Honra.

MARC-ANTOINE JULLIEN

Jullien era membro de várias sociedades científicas e autor do "*Ensaio sobre a Educação Física, Moral e Intelectual*".

Percebeu a importância da reforma educativa que ocorria no Instituto e resolveu estudar minuciosamente a doutrina de Pestalozzi e sua aplicação, prolongando sua estadia em Yverdon, participando de longas conferências com Pestalozzi e sua equipe.

No ano seguinte, publicou em Milão o *Resumo do Instituto de Educação em Yverdon*, um panfleto de noventa e uma páginas contendo o espírito do método educativo de Pestalozzi.

Mais tarde, Jullien conseguiu atrair novos professores franceses para o Instituto, dentre eles, Boniface Alexandre, autor de uma das melhores gramáticas francesas.

Boniface era alegre e simples de coração, e as crianças o amavam. Ele se tornou o centro da parte francesa do Instituto, e sua influência foi excelente.

Mas a parte administrativa e financeira do estabelecimento estava em declínio. Foi, então, que o nome de Schmid foi lembrado, inclusive pelo seu antigo rival Niederer.

Schmid retornou ao castelo de Yverdon na Páscoa de 1815 e trabalhou dia e noite para restabelecer o equilíbrio financeiro do Instituto.

Bourg de l'Ain, antiga

Rivail em Yverdon

Um vento frio soprava forte lá fora, baloiçando as copas das árvores em Bourg de l'Ain, a pequena comuna francesa na região Rôdano-Alpes.

Havia muita agitação na casa de Jean Baptiste Antoine Rivail naquela manhã de 1815.

Jeanne Louise ajeitava o casaco do pequeno Denisard, agitada e apreensiva. Yverdon lhe parecia longe demais.

A reputação do Instituto de Yverdon era inquestionável, mas soubera que por lá se falava o alemão e temia pela adaptação de seu filho.

O garoto, contudo, mostrava-se animado, e Jean Baptiste estava otimista. Seu filho possuía uma inteligência invulgar, e as referências da escola e do professor Pestalozzi eram as melhores.

Bourg se localiza na base das montanhas Jura, que se estende pela França e Suíça, chegando até a Alemanha. Em 1814, embora possuindo pouco mais de sete mil habitantes, ofereceu resistência aos austríacos, envolvendo-se nas chamadas "Guerras Napoleônicas". *

Assim, apesar das preocupações, Jean Baptiste se sentia aliviado em enviar seu filho para a famosa escola do professor Pestalozzi, cuja fama se estendia por toda a Europa da época.

(*) Em junho desse mesmo ano de 1815, Napoleão foi derrotado na famosa Batalha de Waterloo e exilado na ilha de Santa Helena.

Entrada principal do Castelo. No andar superior ficava o aposento de Pestalozzi.

A carruagem com quatro rodas, dois assentos duplos e puxada por dois cavalos chegou a Yverdon à tarde. Jeanne Louise e Denisard foram levados até o gabinete de Pestalozzi no andar superior, ao lado da "Tour des Gardes".

No plano físico, era apenas mais um aluno que chegava ao Instituto, mas, na esfera espiritual, os Espíritos que acompanhavam o garoto faziam a entrega solene do pequeno trabalhador de Jesus à equipe que assessorava Pestalozzi.

Mesmo sem perceber o que acontecia, Pestalozzi sentiu imensa alegria naquele momento, tagarelando em francês, o que não era seu hábito.

Enquanto Mme. Rivail conversava com Pestalozzi, Denisard foi entregue ao professor Boniface que, sempre divertido, acompanhou o garoto até seu dormitório.

Alexandre Antoine Boniface, natural de Paris, estudou e lecionou no Instituto de 1814 a 1817. Inteligente, simples e agradável, era estimadíssimo pelos colegas e alunos, lecionando gramática e literatura francesa.

Graças a Alexandre Boniface, Denisard não teve problemas com a linguagem e com a adaptação ao novo estilo de vida, como aluno interno.

A influência de Boniface foi tão grande em Rivail que, quando escreveu seu primeiro livro "*Curso Prático e Teórico de Aritmética*", ele abriu a obra com um "*Discurso Preliminar*", afirmando: *«Devo aqui prestar homenagem a uma pessoa que protegeu minha infância, o Sr. Boniface, discípulo de Pestalozzi, professor tão distinto pela sua erudição como pelo seu talento para ensinar. Ninguém mais do que ele possui a arte de fazer-se amado pelos seus alunos. Foi um dos meus primeiros mestres e sempre me hei de lembrar com que prazer meus colegas e eu frequentávamos as suas aulas. Cheio de amor pela infância, ao mesmo tempo que verdadeiro filantropo, fundou uma escola à Rua de Tournon, no bairro de Saint-Germain, que bem mereceu os elogios que lhe dispensam as pessoas mais distintas e merecedoras.»*.

Anna Pestalozzi, chamada carinhosamente de "mamãe Pestalozzi", também falava muito bem o francês e estimava estar entre os alunos de língua francesa, tornando o ambiente da escola uma verdadeira família.

Infelizmente, em dezembro deste mesmo ano de 1815, Mme. Pestalozzi, então com setenta e nove anos de idade, adoeceu e, na noite de 11 de dezembro, expirou, sentada no sofá.

Na manhã seguinte, seu caixão foi colocado na sala utilizada como capela. Professores e alunos ali se reuniram, cantando alguns versos de um hino fúnebre.

Anna Pestalozzi

O garoto Denisard permaneceu junto com o professor Boniface e os alunos franceses, Roger de Guimps e Auguste Perdonnet, dentre outros.

Pestalozzi, então, falou como se estivesse se dirigindo a sua esposa e, no final, afirmou: "*o que, naqueles dias tristes, deu-nos força para suportar nossos problemas e para manter esperanças*?

Então, tomando uma Bíblia e colocando-a perto do caixão, terminou dizendo: "*Esta é a fonte de onde você e eu também tiramos a coragem, a força e a paz.*"

O caixão foi levado até onde uma sepultura tinha sido aberta entre duas grandes castanheiras no meio do jardim do Instituto, onde Niederer fez uma oração. Retornando à capela, o serviço foi concluído com um belo poema de Friedrich Gottlieb Klopstock, declamado em alemão, sendo traduzido baixinho por Boniface para os alunos franceses.

O ALUNO DENISARD

Denisard conheceu Roger de Guimps quando este contava com treze anos, Auguste Perdonnet, com catorze anos, e outros alunos franceses, com quem manteve bom relacionamento.

As aulas deste grupo eram em francês, mas, em algumas horas do dia, todos deviam falar o alemão; em outras horas, o francês, assim, todos os alunos se familiarizavam com as duas línguas.

O grupo de alunos franceses demonstrava rara inteligência e capacidade de aprendizagem. Roger de Guimps estudou em Yverdon entre 1808 e 1817, quando, então, mudou-se para Paris, entrando na École Polytechnique. Em 1824, retornou a Yverdon, iniciando seu livro *Pestalozzi, Sua Vida e Obra*, uma das biografias mais completas de Pestalozzi.

Jean-Albert-Vincent-Auguste Perdonnet estudou em Yverdon até 1821, quando também foi para a École Polytechnique em Paris. Mais tarde, foi professor e diretor da École Centrale des Arts Et Manufactures.

O garoto Denisard conviveu por cerca de sete anos com aquele a quem os próprios alunos chamavam de "pai Pestalozzi".

Na difícil época de graves dissensões no Instituto, tanto Perdonnet quanto Rivail atuaram como monitores, um sistema em que o aluno que mais sabia colaborava com os que sabiam menos, metodologia que surgiu em Stans e que era muito utilizada em Yverdon.

No entanto, embora afirmem alguns historiadores, em momento algum Denisard substituiu Pestalozzi na direção do Instituto, o que estava sempre a cargo de Schmid e Niederer.

A METODOLOGIA EM YVERDON

Espírito preparado, Denisard facilmente entendeu a metodologia do Instituto.

Ao contrário de muitos alunos, Denisard percebeu que as matérias, embora aparentemente dispersas, eram sutilmente ligadas umas às outras, de forma que um assunto levava a outro.

A observação direta na Natureza levava a um conhecimento amplo e global do assunto em estudo.

A ideia propalada de que Pestalozzi partia do simples para o complexo, acabou expondo uma ideia errônea de seu método. O "simples" não era uma parte do todo. Pelo contrário, Pestalozzi partia da observação do todo para depois seguir as partes.

O mais simples não seria no sentindo de decompor as coisas em seus elementos mais simples. A observação do todo é o processo natural da aprendizagem. Ter uma visão global do todo é o mais simples.

O aluno observava a própria Natureza em sua totalidade. Percebia o reino mineral, vegetal e animal em íntima correlação e dependência. Depois, iniciava a observação das partes sem perder o sentido do todo.

Observava a planta como um todo, com suas raízes no solo, absorvendo os sais minerais e a água. Observava o tronco e os galhos, que transportavam a seiva por todas as partes. Observava as folhas, entendendo a respiração dos vegetais e as flores que dariam origem aos frutos.

Assim, antes de estudar cada parte das plantas, a criança já possuía a visão do todo. Isso levava professores e alunos a trabalharem com conteúdos integrados, e não com temas isolados.

Muito antes de aprender o nome ou a definição teórica, ela compreendia a essência do fenômeno em estudo.

Ao final desse aprendizado, ao olhar para uma laranja, por exemplo, o aluno sabia tudo sobre a laranja. Sua cor, forma, sabor, cheiro. Sabia como eram as flores que originaram os frutos, as folhas, seus galhos, o tronco. Percebia, pois, todo o mecanismo que dera origem àquela laranja, o que jamais compreenderia observando a figura da laranja e ouvindo aulas teóricas sobre a mesma.

Assim ocorria com as várias matérias em estudo que

não eram "passadas" pelo professor, mas assimiladas pelo aluno através das atividades vivenciadas e de forma integrada.

Partindo do estudo de um fenômeno, os professores pareciam aprender com os alunos, incentivando-os a buscarem as respostas. E, como não existe fenômeno isolado na Natureza, muitas vezes a resposta requeria conhecimentos de matemática, biologia, química, etc.

O aluno não aprendia a "matéria" isolada, mas o relacionamento daquela matéria no todo de um fenômeno.

A Psicologia da Educação

A sua ideia de psicologizar a educação ia além de Rousseau, que definia diferentes etapas de desenvolvimento. Pestalozzi via também as aptidões reveladas por cada aluno.

Além do que é comum a determinada idade, cada criança trazia em si certas tendências e aptidões que deveriam ser aproveitadas e estimuladas pelo professor, para que ocorresse um desenvolvimento gradual e progressivo de todas as potencialidades do educando.

O professor, pois, devia ficar atento e desenvolver uma aguda percepção quanto às possibilidades do educando.

O objetivo não era simplesmente ensinar determinadas

matérias para um grupo de alunos, mas auxiliar o desenvolvimento do potencial que cada um trazia em si mesmo.

Mesmo sem ter, naquela época, o conhecimento da reencarnação, Pestalozzi observava as diferentes aptidões e tendências dos alunos.

Assim, a utilização de monitores ou auxiliares despertava as qualidades interiores do próprio aluno, surgindo, não raras vezes, excelentes professores.

Mesmo os alunos que apresentavam tendências negativas, rebeldia ou má vontade, o que ocorria principalmente em Stans, Pestalozzi reconhecia que eles possuíam, em si mesmos, a essência Divina a ser despertada, pois *"tudo é bom ao sair das mãos do Criador"*. Ele investia na educação dessas crianças, procurando despertar o que existia de melhor dentro de cada uma delas.

Em Yverdon, eram raros os casos de rebeldia, mas os poucos que ocorriam, de má vontade ou alguma atitude menos fraterna, recebiam de Pestalozzi toda a atenção. Geralmente, conversava com o aluno, que saía de sua sala valorizado e estimulado a mudar suas atitudes e melhorar.

Com tudo isso, os próprios alunos serviam de exemplos, uns para os outros, desenvolvendo também um ambiente de camaradagem e cooperação. Gradualmente, no dia a dia, despertava-se no aluno o sentimento de amor ao próximo, e ao próximo "mais próximo", que era seu colega de escola.

Assim, Denisard e os demais alunos não aprendiam simplesmente determinadas matérias como nas demais escolas. Vivenciavam um ambiente de imenso valor educativo.

O Germe das Qualidades

Para Pestalozzi, a educação deve cultivar harmoniosamente as diferentes faculdades do ser, representadas pelo cérebro, o coração e as mãos.

O desenvolvimento intelectual está ligado ao cérebro, o desenvolvimento afetivo e moral depende do coração, e a ação, a atividade, o desejo, a vontade de realizar, estão ligados às mãos.

Cada ser já possui, em si mesmo, o germe dessas qualidades em estado latente. À educação cabe a tarefa de auxiliar o seu desenvolvimento. Mas cada ser também possui, em si mesmo, um impulso ou ânsia irreprimível de perfeição. O educador deve cultivar esse impulso e fornecer os meios adequados para que esse desenvolvimento ocorra.

Tais ideias estão em perfeita sintonia com a frase de Jesus: *O Reino dos Céus está dentro de Vós...*

Léon Denis seguiu o mesmo raciocínio em sua obra monumental *O Problema do Ser, do Destino e da Dor*:

> *"Todo o poder da alma se resume em três palavras: Querer, Saber, Amar!*
>
> *Querer, isto é, fazer convergir toda a atividade, toda a energia, para o alvo que se tem de atingir, desenvolver a vontade e aprender a dirigi-la.*
>
> *Saber, porque sem o estudo profundo, sem o conhecimento das coisas e das leis, o pensamento e a vontade podem se transviar no meio das forças que procuram conquistar e dos elementos a quem aspiram governar.*
>
> *Acima, porém, de tudo, é preciso amar, porque sem o amor, a vontade e a ciência seriam incompletas e muitas vezes estéreis. O amor as ilumina, fecunda-as, centuplica-lhes os recursos. Não se trata aqui do amor que contempla sem agir, mas do que se aplica a espalhar o bem e a verdade pelo mundo."*

O MÉTODO INTUITIVO

O processo denominado intuição corresponde à apreensão do objeto ou fenômeno pelo próprio indivíduo, através de intenso trabalho mental, e não recebendo a resposta pronta.

Inicia-se através da observação, que inclui olhar, ouvir, tocar, comparar e analisar. Ao mesmo tempo em que observa, a mente busca a compreensão do fenômeno em seu aspecto global. Toda sua mente se põe em atividade, utilizando os conhecimentos que já possui para compreender o novo conceito em análise. Assim, antes de obter uma definição, ele compreende o conceito.

Nada deve ser ensinado verbalmente antes de a criança ter compreendido o real significado do objeto ou do fenômeno.

Ao iniciar um passeio, a criança entra em contato com a Natureza, observando elementos do reino mineral, vegetal e animal em íntima correlação e interdependência.

Observa a Natureza "in loco" e não por meio de figuras ou desenhos. Assim, observa o fenômeno em atividade, e a educação se torna vivência.

Por exemplo, uma planta em crescimento, como já vimos, oferece inúmeros objetos de observação: as raízes fincadas ao solo, recebendo água e sais minerais; a seiva percorrendo o caule e os galhos; a influência do clima e da luz do Sol.

Assim, em contato com a Natureza, a criança conclui naturalmente que a planta depende da terra, da água e da luz do Sol, e que a manutenção da vida depende de um fornecimento constante de energia.

Ao observar os animais, percebe uma diferença fundamental entre eles e as plantas. Os animais obtêm essa energia através dos alimentos de compostos orgânicos e da respiração. Assim, tudo se liga na Natureza.

Importante no processo de intuição é que a mente é acionada pelo "querer saber" que surge no ato da observação.

A observação é estimulada, mas não imposta pelo professor. Não é o professor quem faz as perguntas que os alunos devem responder. Se assim fosse, eles buscariam as respostas às questões que lhes foram propostas.

Pelo contrário, através do passeio e da observação, as questões surgem em suas mentes: "o que é isso", "como isso funciona". A dúvida que surge da observação leva ao "querer saber", acionando a energia volitiva do ser.

A mente "sai" em busca das respostas, desenvolvendo a capacidade mental pelo ato de "pensar".

Tudo o mais que é pesquisado em sala de aula está em consonância com essa busca interna do próprio aluno.

Se o professor apenas explicar os fenômenos, mesmo com recursos modernos, estará trabalhando muito mais com a memória do que com o desenvolvimento mental, ou seja, com a capacidade de pensar, raciocinar, buscar novas soluções, etc.

Se o professor fizer as perguntas, o aluno limitará sua busca às respostas àquelas questões.

A genialidade de Pestalozzi estava em levar o aluno a observar os fenômenos à sua volta e incentivá-lo a buscar as respostas às próprias perguntas que surgiriam em sua mente.

Portanto, o termo intuição não pode ser confundido com percepção simplesmente. Não é um ato de simples percepção, mas de trabalho mental em que o próprio aluno compreende os conceitos, inicialmente através da percepção pelos órgãos dos sentidos, mas que é, ato contínuo, um trabalho de ação mental ou, na moderna linguagem de Piaget, de construção mental.

O método intuitivo, pois, leva o aluno a aprender a pensar, raciocinar, buscar suas respostas, trabalhar com sua própria mente, desenvolvendo os recursos mentais num trabalho de verdadeira construção mental.

Era isso o que Pestalozzi queria dizer quanto ao desenvolvimento das qualidades interiores. No que se refere ao aspecto intelectual, é o desenvolvimento da capacidade de pensar, raciocinar, buscar soluções, sem esperar respostas prontas. Inteligência é capacidade de realização mental e não acúmulo de conhecimentos.

No método intuitivo, a criança é levada a trabalhar simultaneamente e dentro de sua capacidade de assimilação, com os órgãos dos sentidos, a inteligência e o sentimento.

Assim, a intuição como elemento essencial do conhecimento se divide em três etapas: sensorial, intelectual e afetivo-moral.

Através da intuição sensorial, a criança é levada a observar, ver, tocar, sentir, medir, comparar, procurando conhecer os diversos aspectos, não apenas de um objeto isolado, mas do fenômeno em si. O ato de observar leva ao "querer saber", desencadeando a curiosidade, levando o aluno a buscar as respostas às próprias dúvidas que surgem do simples ato de observação. Em suma, desperta a energia volitiva do ser, a vontade, o querer.

A intuição intelectual consiste no desenvolvimento da inteligência por meio do raciocínio e da reflexão. Pela observação e pela reflexão, a criança vai "descobrindo" os mecanismos do fenômeno em observação. Ao invés de receber o conteúdo "pronto" de um mestre, ela mesma descobre, percebe, compreende o fenômeno pela sua própria razão.

Simultaneamente, a criança percebe as implicações morais do fenômeno observado, os valores que aquilo representa para a sociedade em que vive.

Por exemplo, ao observar a íntima relação e codependência dos reinos da Natureza, ela aprenderá a respeitar a Natureza e o seu Criador. Compreenderá que nós, os seres humanos, dependemos totalmente da própria Natureza, além de compreender também o seu maravilhoso mecanismo onde tudo se liga, relaciona-se, produzindo, assim, as condições ideais para a vida na Terra.

Assim, simultaneamente, a intuição envolve os órgãos dos sentidos, a inteligência e o sentimento. Ao mesmo tempo em que ela observa, toca, examina um objeto ou fenômeno, ela pensa, raciocina, descobrindo seus mecanismos pela sua própria reflexão, compreendendo a importância de cada coisa, desenvolvendo, dessa forma, o seu senso moral.

Não se trata aqui de etapas de um processo, quando primeiro ocorre a observação, depois a razão e, por fim, o sentimento. O processo é simultâneo, em que uma observação leva ao raciocínio que permite melhor observar e comparar, num processo simultâneo e gradualmente progressivo.

A razão, o sentimento e os sentidos devem ser estimulados simultaneamente. Todas as capacidades interiores se interagem organicamente e precisam ser estimuladas conjuntamente para ocorrer o desenvolvimento integral e harmonioso do ser.

O PENSAMENTO INTUITIVO

O método intuitivo está intimamente ligado ao desenvolvimento do pensamento intuitivo que hoje vemos ganhar espaço e melhor compreensão na Doutrina Espírita.

O pensamento intuitivo trabalha, ao mesmo tempo, com o consciente, com o subconsciente, com a bagagem que o Espírito traz de suas vivências passadas e com o superconsciente, além da inspiração superior que flui do mais alto e abre caminhos em sua própria razão, ampliando, de maneira fantástica, sua compreensão da vida, do mundo em que vive e de si mesmo.

Vai além do pensamento racional, que é analítico. O pensamento intuitivo é essencialmente fruto da síntese mental, ou seja, somente ocorre quando o indivíduo aprende a usar a sua mente de forma global.

A educação tradicional é compartimentada, como se existissem "gavetas" com conhecimento de matemática, outras com conhecimento de física, química, biologia, etc...

O método intuitivo de Pestalozzi trabalha com os conteúdos integrados, como uma rede, em que um assunto se liga a outro, o que permite a rápida associação de ideias e a compreensão global de um determinado fenômeno. Tal é o pensamento de síntese que levará o Espírito imortal, que somos todos nós, ao desenvolvimento do maravilhoso pensamento intuitivo, que, segundo Joanna de Angelis, permitirá ao Espírito sintonizar com o "pensamento cósmico".*

(*) Veja *A Construção da Mente* - IDE Editora, de W.O.Alves, onde o assunto é desenvolvido, utilizando os recursos da neurociência.

Ciência e Religião

Nas orações que proferia de manhã e à noite, totalmente destituídas de dogmas ou rituais, Pestalozzi exaltava a figura do Criador e Pai.

O Instituto albergava católicos, protestantes e ortodoxos, mas em nenhum momento Pestalozzi hesitou em falar de Deus como Pai e Criador e exaltar as lições de Jesus com simplicidade de linguagem, embora permitisse o culto na capela do Castelo.

Niederer era protestante convicto, ministro evangélico e Doutor em Filosofia. Schmid, embora de formação católica, havia se tornado, talvez por influência de Pestalozzi, indiferente aos dogmas e rituais da igreja.

Assim, Niederer sentia-se em desacordo com as atitudes de Pestalozzi e mesmo de Schmid.

Mais de uma vez, Pestalozzi foi criticado por não se ater aos dogmas e cultos dos protestantes ou dos católicos.

Outros ainda o criticavam por seguir as ideias de Rousseau, como a ideia de que a criança é boa em seu estado natural, negando o dogma do pecado original.

Na verdade, Pestalozzi compreendeu tão profundamente o significado da religiosidade e o sentido profundo do Evangelho de Jesus, que, realmente, embora sem desprezar católicos e protestantes, não tocava nos assuntos dogmáticos, mas na essência do Evangelho.

Assim, embora criticado, não havia quem pudesse negar que ele vivia o sentimento cristão em todos os seus atos.

Não havia espaço para o materialismo no Instituto de Yverdon. Ciência e Religião conviviam em íntima correlação, sem conflitos e completando-se.

Da mesma forma, lemos hoje em *O Evangelho Segundo o Espiritismo: "A ciência e a religião são as duas alavancas da inteligência humana."*

Também não havia dogmas ou "mistérios" inexpugnáveis. Tudo podia ser explicado racionalmente, até os limites da razão humana. Em Yverdon, a fé podia encarar a razão face a face, o que nos levou também ao *O Evangelho Segundo o Espíritismo* no trecho: *"Não há fé inabalável senão aquela que pode encarar a razão face a face em todas as épocas da Humanidade."*

O "*amai-vos uns aos outros*" era exercício diário na convivência entre professores e alunos, que viviam num ambiente semelhante a uma grande família, onde a figura de Pestalozzi representava o pai. O afeto e o respeito mútuo eram realidades do dia a dia. Para Pestalozzi, o amor é o eterno fundamento da educação.

A famosa frase de Pestalozzi era uma realidade praticada na escola:

> *"O olho quer ver, o ouvido, ouvir,o pé quer andar e a mão, agarrar. Da mesma forma, o coração quer crer e amar e o Espírito quer pensar. Existe, em cada um dos dotes da Natureza humana, um impulso que os faz elevar do estado elementar primitivo ao de adaptabilidade e perfeição. O inculto que ainda existe em nós é apenas um germe em estado potencial, e não a verdadeira potencialidade." (O Canto do Cisne)*

A criança já traz, dentro de si mesma, o germe de sua perfectibilidade. A educação é o processo pelo qual esse germe se desenvolve. Mas não a educação formal, pelos livros, mas a educação em que se vivencia cada ensinamento. A própria vida é o fundamento da educação.

Vemos a mesma ideia na questão 776 de *O Livro dos Espíritos:* "*O estado natural é a infância da Humanidade e o ponto de partida de seu desenvolvimento intelectual e moral. O homem, sendo perfectível e carregando em si o germe de seu aperfeiçoamento...*"

O germe da perfectibilidade se desenvolve à medida que é colocado em prática.

A criança é participante ativo de seu processo de desenvolvimento intelectual, moral e afetivo.

A criança será levada a perceber intuitivamente, ou seja, pela sua própria cabeça, o fenômeno que a atividade lhe apresenta. O educador não vai apresentar definições à criança, mas levá-la a perceber, compreender e sentir o real significado do conteúdo em estudo.

Portanto, não é difícil compreender a importância dessas lições vivenciadas em Yverdon para a grandiosa missão de Denisard. Praticamente, Pestalozzi estava em perfeita sintonia com os ensinamentos que viriam das elevadas esferas Espirituais para serem codificados pelo seu jovem aluno. Podemos concluir ainda, que este estágio com Pestalozzi serviu para o despertar gradual do germe que Rivail já trazia em si mesmo.

A Saída de Niederer

Em 1817, os atritos entre Schmid e Niederer se intensificaram até que Niederer decidiu deixar Pestalozzi, ficando apenas com a Escola para Meninas.

Krusi, alma gentil e amorosa, viu-se, por motivos financeiros, obrigado a deixar o Instituto para fundar uma nova escola.

Tais fatos abalaram ainda mais Pestalozzi, que adoentado e sentindo-se abandonado foi, a conselho de Schmid, passar algumas semanas na pequena aldeia de Bulet, a mais de três mil metros acima do lago de Neuchâtel.

Embora hospedando-se em uma velha casa, apenas com o necessário, Pestalozzi podia respirar o ar puro e revigorante, de onde se via a esplêndida paisagem do Lago de Neuchâtel até os picos congelados dos Alpes.

Pouco a pouco, Pestalozzi recobrou a calma e a força, retornando a Yverdon.

Jullien, Fellenberg e Ritter tentaram uma maneira de salvar Pestalozzi e seu Instituto, buscando um acordo entre ele e Fellenberg. Embora sendo um bom homem e ótimo administrador, Fellenberg não tinha as mesmas ideias sobre educação de Pestalozzi que, temendo o mesmo insucesso de 1804 em Munchenbuchsee e a conselho de Schmid, declinou do acordo.

Assim, no final de 1817, o próprio Jullien, desencantado, vários alunos franceses e alguns professores deixaram o Instituto.

No entanto, a providência agia. Pestalozzi era admirado e respeitado em grande parte da Europa, e o Imperador da Rússia enviou cinco mil rublos, o rei da Prússia, quatrocentos dólares, e o rei da Baviera, setecentos florins.

E, graças ao tato de Schmid, Pestalozzi ainda recebeu cinquenta mil francos da editora que publicara sua obra *Leonardo e Gertrudes.*

Todos esses fatos contribuíram para restaurar a coragem e a esperança de Pestalozzi de ver a continuação de sua obra, bem como a confiança em Schmid como administrador.

Pestalozzi e seu neto Gottlieb, filho de Anna Magdalena Custer Pestalozzi

Rua Clendy, nº 27

A Escola de Clendy

- O que temos aqui não é o que eu quero. Eu estava procurando um instituto para os pobres. Eu sempre tento e é para essa finalidade que se move meu coração.

Várias vezes Pestalozzi revelara sua mais nobre intenção - uma escola para as crianças pobres. Neste ano de 1818, suas obras já haviam ganhado notável sucesso na Europa, e uma importante editora lhe ofereceu considerável soma pelos direitos autorais.

Assim, com a promessa do pagamento, em setembro de 1818, Pestalozzi realizou seu sonho e abriu a Casa dos Pobres de Clendy, mesmo contra a vontade de Schmid.

A Casa de Clendy trabalhava com dois grupos: crianças pequenas e pobres que iriam iniciar seus primeiros estudos, e jovens, meninas e meninos, que já tinham frequentado uma escola e que demonstravam algum talento. Estes seriam aproveitados como futuros professores.

O sucesso foi enorme. Vários alunos de Clendy rapidamente se destacaram pela capacidade de ensinar. A escola de Clendy despertou nova admiração e passou a ser visitada por pessoas de todas as partes, inclusive da Inglaterra.

No entanto, chamava a atenção de todos que Pestalozzi passava mais tempo na Casa de Clendy do que no próprio Castelo. A ausência do professor deixava os pais dos alunos do Instituto do Castelo descontentes, e Schmid lhe exigiu a presença.

A promessa de pagamento pelos direitos autorais não ocorreu como o esperado, e a Casa de Clendy se tornou um encargo financeiro adicional. Pestalozzi, então, fechou a Casa de Clendy e transferiu todos os alunos para o Instituto do Castelo, enfrentando o descontentamento de muitos pais que não queriam seus filhos junto com as crianças pobres da região.

O Instituto recebeu também as meninas da Casa de Clendy, que era uma escola mista. Assim, o Instituto do Castelo passou a ser também uma escola mista, o que exigiu certas reformas.

As meninas foram alojadas no lado norte, no segundo andar, onde costumava ser o alojamento de Pestalozzi e sua esposa.

JEANNE LOUISE EM YVERDON

Embora não estivesse nevando naquela manhã, um vento frio prenunciava o início do inverno de dezembro de 1820.

Olhando pela janela, Mme. Rivail observava um pálido raio de Sol que tentava sair de um céu acinzentado. A cidade ainda se mantinha mergulhada na melancolia de um amanhecer frio e cinzento.

No entanto, dentro do aposento, no segundo andar ao lado norte do castelo, havia calor e vida em abundância.

Mme. Rivail chegara na véspera, trazendo agasalho para seu filho, temendo um inverno mais rigoroso. Sabendo da casa de Clendy, trouxera também uma provisão de agasalhos para distribuir aos alunos necessitados. Só, então, ficara sabendo que os alunos de Clendy haviam sido transferidos para o Castelo.

De repente, lá fora, o Sol, vencendo o restinho da penumbra da madrugada fria, lançou seus raios de luz, criando maravilhoso contraste de cores e tingindo de dourado os telhados das casas, invadindo e contagiando tudo com seu calor e a alegria do amanhecer.

Jeanne Louise se hospedara junto com as meninas que vieram de Clendy e que, naquele momento, estavam acordando em meio ao burburinho geral, o trinado distante de um pássaro e o latido de um cão ao longe.

Nesse momento, reuniam-se no Castelo crianças ricas e pobres, meninos e meninas, uma escola elementar, um colégio e uma escola normal para formar professores.

Sem saber a razão, o coração de Jeanne transbordava de alegria. Na noite anterior, Pestalozzi, com quase setenta e cinco anos, viera até os aposentos das meninas para fazer a prece da noite.

Depois, ficou muito tempo conversando com ela em francês ainda carregado de sotaque.

A mãe de Rivail se impressionava cada vez mais com esse homem que vivia de um ideal de amor profundo pelas crianças e pelo ideal da educação.

Contrariando a opinião pública, que se colocava contra uma escola mista, e, enfrentando outros que ainda estavam descontentes com a chegada das crianças pobres ao Castelo, aquele homem criara uma escola mista de meninos e meninas, com ricos e pobres, católicos e protestantes e ainda com línguas diferentes, pois a escola tinha alunos de língua francesa, alemã, italiana e, naqueles tempos, inglesa.

O cheiro do pão quente saindo do forno, o chiado de uma chaleira, o leite quente fervendo, enchiam o ambiente de um aroma matinal e do encanto de um levíssimo poema, revelando segredos da vida simples junto à Natureza.

Jeanne Louise, abraçando Denisard, conversava com os professores franceses, lamentando a saída de Boniface, que já não se encontrava mais no Castelo. Lamentava também as dissensões entre Niederer e Schmid .

Auguste Perdonnet e outros garotos de língua francesa se juntaram a Denisard. Meninos e meninas foram entrando no pequeno refeitório, e as vozes se misturaram, ouvindo frases em alemão e em francês. Jeanne se maravilhou com a alegria reinante no ambiente para a primeira refeição do dia.

Pestalozzi entrou sorrindo, afagando algumas crianças, e iniciou a prece da manhã. Um grande silêncio se fez no ambiente. Meninos, meninas, pobres, ricos, franceses, alemães, ingleses, católicos, protestantes, todos se voltaram para Deus, agradecendo o alimento e mais um dia de vida.

Uma lágrima furtiva escorreu dos olhos de Jeanne Louise. Aquilo era uma grande família, unida e feliz, irmanados e sem preconceitos, todos se voltando a Deus com respeito e amor.

O FECHAMENTO DA ESCOLA DE YVERDON

No entanto, muitos pais descontentes retiraram seus filhos, deixando a escola em sérias dificuldades financeiras.

Auguste Perdonnet deixou Yverdon em 1821, retornando à França.

Denisard saiu em 1822, retornando para Bourg de l'Ain e, logo em seguida, transferindo-se para Paris, onde escreveu sua primeira obra pedagógica: "*Curso Prático e Teórico de Aritmética*".

Niederer continuava a dirigir a Escola de Meninas, Naef, a escola de surdos-mudos, e Krusi fundou uma escola para meninos em Appenzell.

As discussões entre Niederer e Schmid acabaram na justiça, causando grave desgosto a Pestalozzi, que chegou a escrever a Niederer:

"Eu te peço, em nome de Deus e Sua santa misericórdia, livra-me do martírio que tenho sofrido por seis anos nesta guerra que vem acontecendo de forma tão obstinada e anticristã entre as nossas duas casas de ensino que se dizem de Cristo...

Caro Niederer, estou perto da sepultura, deixa-me ir em paz, pois eu tenho ainda algo para fazer na Terra. Ajuda-me para que eu possa doravante trabalhar livre da tortura dos processos judiciais... Dá-me assistência, eu imploro apenas o necessário ao meu objetivo, e te prometo amor e gratidão ao meu último suspiro."

Contudo, foi necessária a interferência do governo Valdense para promover a reconciliação entre as partes.

O abalo no Instituto foi imenso, e Pestalozzi se viu com graves problemas financeiros.

A personalidade firme de Schmid e seu espírito dominador tinham afastado muita gente e criado forte antipatia por sua pessoa.

Assim, valendo-se de antiga lei que determinava que estrangeiros residentes no cantão deveriam ter sua situação legalizada e, como Schmid era natural do Tirol e, portanto, considerado estrangeiro no cantão de Vaud, seus inimigos conseguiram que ele fosse expulso de Yverdon.

Sem condições de continuar com a escola, no início de março de 1825, Pestalozzi fechou o Instituto de Yverdon e retornou, com seu neto Gottlieb, para Neuhof, onde tudo tinha começado.

Mal chegando em Neuhof, esse homem extraordinário, com quase oitenta anos de idade, iniciou uma de suas mais notáveis obras - *O Canto do Cisne* - e resolveu investir o que lhe restava numa escola para crianças pobres, no mesmo lugar onde ele já tinha tentado, meio século antes.

O Canto do Cisne

Dizem que os cisnes cantam antes de morrer.

Esta, pois, seria a última obra pedagógica de Pestalozzi, publicada em 1826.

"Por meio século, eu tentei, com incansável trabalho, simplificar a instrução elementar do povo, para que ela pudesse estar de acordo com o curso que a Natureza tem para desenvolver e aperfeiçoar os poderes do homem.

E, durante todo esse tempo, apesar da minha fraqueza, eu trabalhei zelosamente para esta causa. É verdade que a minha falta de habilidade prejudicou, muitas vezes, a concepção e a execução de minhas empresas e trouxe problemas para mim.

Mas até o presente momento, muito tenho dado a eles com perseverança constante e sem interferir com os meus sinceros esforços para atingir o objetivo de minha vida...

Durante uma vida assim, seria impossível não adquirir importante experiência no objeto de minha busca e alguns resultados que não são sem valor para os amigos da humanidade e da educação."

Pestalozzi, então, trata da educação elementar:

"A ideia da educação elementar, cujo esclarecimento teórico e prático eu dediquei a maior parte dos dias da minha velhice, e sendo mais ou menos consciente de toda a sua extensão, não é outra coisa senão a ideia de que o desenvolvimento das disposições e faculdades das pessoas sejam feitos de acordo com a Natureza. "

Como já vimos, e é bom relembrar, a expressão "educação elementar", empregada por Pestalozzi, não tem o mesmo significado do nosso tempo, nem corresponde à instrução primária ou fundamental.

Para Pestalozzi, a educação elementar corresponde a uma formação integral do indivíduo, no triplo aspecto: intelectual, moral e ativo. O homem é um ser que pensa, sente e age, representado pela cabeça, coração e mãos.

Educação elementar tem sempre o sentido de formação integral, que implica na ideia de desenvolvimento e aperfeiçoamento de todas as faculdades e aptidões humanas, tanto intelectuais, como afetivas e volitivas.

Essas faculdades e aptidões já existem em todos os seres

em forma germinal e são movidas por uma força interior que conduz ao aperfeiçoamento gradual e progressivo.

A educação corresponde ao processo de propiciar o desenvolvimento harmonioso das forças íntimas da natureza humana. "Aquilo que Deus juntou no ser humano não pode ser separado."

O exercício de uma faculdade com prejuízo das outras criaria um desequilíbrio interno. O desenvolvimento da inteligência sem o sentimento abre espaço para um frio egoísmo.

> *"A ideia do ensino fundamental requer o equilíbrio dos poderes, e o equilíbrio dos poderes exige o desenvolvimento natural de cada um deles. Cada poder se desenvolve de acordo com as leis particulares a sua natureza, que não são os mesmos para o coração, o corpo e a mente.*
>
> *No entanto, todos os poderes humanos se desenvolvem por meio de simples usar ou exercitar. O homem desenvolve a base de sua vida moral, isto é, o amor e a fé, pela prática do amor e da fé, o fundamento de sua vida intelectual, que é o pensamento, pela prática do pensamento, e o fundamento de sua vida prática, isto é, o poder de seus sentidos e de sua ação, pela prática desse poder."*

A genialidade de Pestalozzi está no fato de, ao invés de tratar a educação como formação de um grupo social, uma classe ou uma profissão, considera todas as infinitas possibilidades de desenvolvimento do ser humano.

Filhos de Deus que somos, trazemos em nós, em germe, essa essência Divina que nos cabe desenvolver. Educação, pois, é o desenvolvimento gradual e progressivo de todas as qualidades interiores do ser.

Em *O Canto do Cisne,* Pestalozzi retornou ao tema que enfatiza a importância da família, em especial das mães, na formação moral das crianças.

Assim como citado na obra "*Como Gertrudes Ensina seus Filhos*", a figura da mãe é vista como a primeira educadora de seus filhos. Da mesma forma em "*Leonardo e Gertrudes*", a figura materna é de especial importância na formação da criança.

Em *O Canto do Cisne,* a figura da mãe está intimamente ligada ao desenvolvimento moral e afetivo que também se relaciona com o desenvolvimento religioso.

> *"Os primeiros cuidados da mãe por seu filho se relacionam com suas necessidades físicas, que ela satisfaz com solicitude constante. Ela se alegra com o seu bem-estar, sorri carinhosamente, e a criança responde com um sorriso de gratidão, confiança e amor, que são as primeiras manifestações de moral e desenvolvimento religioso."*

A simples presença da mãe satisfazendo suas necessidades de alimentação e afeto, desperta ou faz germinar a essência Divina que a criança já possui em si mesma.

O amor materno é como o Sol que aquece a semente e a faz germinar.

> *"Mas a satisfação dos desejos da criança deve produzir calma, e essa tranquilidade da alma é condição essencial para o desenvolvimento moral. Quando é substituído pela inquietação e agitação, a gratidão, a confiança e o amor tendem a desaparecer, e as más paixões podem tomar o seu lugar: o egoísmo, o orgulho e as paixões sensuais.*

A não satisfação de suas necessidades causa sofrimento e pode fazer surgir o instinto de sobrevivência, que pode se tornar impulso violento para saciar suas necessidades de natureza animal, e não mais o prazer suave e pacífico que desperta gratidão, confiança e amor.

Quando os cuidados internos conseguem manter a calma de espírito na criança, este benefício se estende a todas as relações da família, e o pai, os irmãos e as irmãs compartilham dele.

O lar doméstico é, então, uma casa de vida moral e religiosa; nada pode mudar a confiança da criança em seus pais, ela ama o que eles amam, acredita no que eles acreditam, adora a Deus e seu Salvador.

Mas quando essa calma está faltando no berço, então, toda a vida da família é problemática, a casa não é mais o santuário de paz e felicidade, e sua influência feliz para o desenvolvimento da moral e do sentimento religioso desaparece."

Interessante é que, por toda parte de seus escritos, o desenvolvimento moral está intimamente ligado ao sentimento religioso e à família.

Mas, em nenhum momento, Pestalozzi tratou do tema religião como dogma, crença ou organização humana. Não criticou nem elogiou essa ou aquela organização religiosa.

O sentimento religioso é algo que, como todas as demais qualidades interiores, já existe em estado latente no indivíduo. O ambiente familiar irá fortalecer essa ideia natural e fazê-la desabrochar.

A própria escola de Yverdon, na linguagem de vários alunos e professores que lá viveram, mais parecia uma grande família onde as exortações e orações feitas por Pestalozzi eram simples e naturais, procurando despertar o sentimento de veneração a Deus como Pai e Criador e valorizar os ensinamentos de Jesus.

Não eram exortações vazias de sentido, mas repletas de vivência, em que professores e alunos se sentiam envolvidos em um ambiente eminentemente cristão.

Assim como a semente se desenvolve em solo adequado ao calor do Sol, o germe da bondade, da fé, da religiosidade desabrochava nas almas de todos que ali viviam.

Por isso, o que realmente atingiu profundamente a Pestalozzi e causou o fechamento do Instituto, não foram os problemas financeiros, mas as discussões e agressões internas, iniciadas por Schmid e Niederer, que comprometeram o que havia de mais sublime na escola: o ambiente de amor e fraternidade.

A INTUIÇÃO E A LINGUAGEM

Novamente, em *O Canto do Cisne*, Pestalozzi destacou que a formação da capacidade mental deriva da intuição. Ele chegou a pedir desculpas por ter se tornado, muitas vezes, repetitivo e, em sua humildade, atribuiu isso à sua idade avançada.

Acreditamos nós que a repetição de muitos aspectos de sua obra foi providencial. O próprio termo intuição tem sido mal interpretado por muitos autores.

O processo denominado intuição, como já vimos, corresponde à apreensão do objeto ou fenômeno pelo próprio indivíduo, através de intenso trabalho mental.

Inicia-se através da observação, que inclui olhar, ouvir, tocar, comparar, analisar. Ao mesmo tempo em que observa, a mente busca a compreensão do fenômeno em seu aspecto global. Toda a sua mente se põe em atividade, utilizando os conhecimentos que já possui para compreender o novo conceito em análise. É, pois, intenso trabalho de criação mental. Assim, antes de obter uma definição do professor, ele compreende o conceito em sua essência.

A LINGUAGEM

Se nada deve ser ensinado verbalmente antes de a criança ter compreendido o real significado do objeto ou fenômeno, após essa compreensão, ou seja, a própria intuição do fenômeno leva à necessidade de expressar aos outros, de compartilhar a experiência, o que ocorre através da linguagem humana.

"Para falar, é necessário primeiro ter ideias e depois órgãos formados e exercitados. Só se pode falar de forma clara e exata sobre o que se tem experimentado, visto, ouvido, sentido, provado ou tocado.

Então, ao ensinar a criança a falar, deve-se primeiro fazê-la provar, ver, tocar, ouvir, muitas coisas, especialmente o que lhe agrada, de modo que ela possa lhe dar a sua atenção e observar de forma ordenada cada um deles até saber bem.

Ao mesmo tempo, deve-se constantemente incentivá-la a expressar suas impressões pela linguagem. Isto é o que faz uma boa mãe para o seu filho quando ele começa a falar. "

LINGUAGEM, FORMA E NÚMERO

"A fim de que a criança possa aprender a comparar e julgar o que sabe, os seus poderes de pensamento devem ser exercidos também pela forma e pelo número.

Os elementos fundamentais que servem para desenvolver o poder de pensamento são, então, a linguagem, a forma e o número. A arte da educação deve apresentá-los à criança com a maior simplicidade, seguindo uma ordem progressiva."

Pestalozzi reafirmou o que praticava em Yverdon. As crianças observavam determinado objeto ou fenômeno, utilizando os órgãos dos sentidos, a inteligência e o sentimento, no processo chamado intuição, até compreenderem exatamente do que se tratava. Depois, expressavam-se pela linguagem oral e escrita, pelos desenhos, figuras, modelagem e, não raras vezes, pela dramatização.

Desencarnação de Pestalozzi

Pestalozzi ainda teve alguns anos de relativa paz. Enquanto isso, suas ideias se espalhavam pela França, Alemanha, Inglaterra, Espanha e outros países.

No verão de 1826, Pestalozzi ainda teve a alegria de, juntamente com seu amigo Schmid, visitar o orfanato fundado por M. Zeller em Beuggen. Zeller, com muito zelo e talento, seguia o mesmo método de Pestalozzi. Apenas discordava da ideia de que a criança já traz o germe de suas qualidades intelectuais e morais, pois, em seu ardor religioso, mantinha a posição do pecado original, ou seja, a criança era má por natureza.

Apesar dessa diferença, Pestalozzi foi recebido com imensa alegria, respeito e estima, por todos. As crianças cantaram um poema de Goethe, tirando lágrimas de Pestalozzi.

No entanto, a vida ainda lhe reservava um cálice amargo. *O Canto do Cisne*, na verdade, não foi sua última obra. Pestalozzi ainda escreveu "*Meus Destinos*", no qual relatou suas vicissitudes, acusando-se a si mesmo de seus próprios infortúnios e justificando assim a Schmid, o que acabou por causar desagrado em Niederer.

Um homem chamado Biber, que tinha chegado a Yverdon após a saída de Pestalozzi, escreveu, tentando justificar Niederer, um panfleto odioso atacando Pestalozzi numa longa série de insultos.

Atacou Pestalozzi não apenas em seu caráter, mas também em suas opiniões educacionais.

O ataque à sua pessoa não o afetou, mas as críticas infundadas ao seu trabalho e aos seus métodos de educação abalaram profundamente a Pestalozzi, que caiu doente.

Ao médico Staebli, de Brugg, ele afirmou: "Eu sinto a morte chegando, mas ainda preciso de seis semanas para refutar essas calúnias vergonhosas".

O médico tentou proibi-lo de escrever, mas Pestalozzi, usando da pouca força que lhe restava, começou a escrever, até que a caneta caiu de sua mão.

Preocupado com seu estado de saúde, o Dr. Staebli o quis perto de si em Brugg, o que fez com que seu neto Gottlieb alugasse um pequeno quarto no centro da pequena cidade. No dia 16 de fevereiro de 1827, Pestalozzi entrava em crise, delirando e perdendo a consciência em seguida.

Mas, no dia seguinte, às quatro horas da manhã, a crise

tinha passado, ele recuperou a tranquilidade de espírito, organizou sua própria cama e falou por quase uma hora para todos os seus familiares e amigos que o rodeavam:

> *"Meus filhos... vocês não podem realizar meu trabalho, mas podem fazer o bem ao seu redor, podem dar terra para os pobres cultivarem... Quanto a mim, vou ler no livro da verdade. Perdoo meus inimigos para que eles encontrem a paz, agora, que eu estou indo para a minha paz. De bom grado teria vivido mais seis semanas para terminar meu trabalho, mas agradeço a Deus que está me tirando da vida terrena. Vocês, meus filhos, permaneçam em paz em Neuhof..."*

Às sete e meia, Pestalozzi deu seu último suspiro, com um sorriso no rosto.

"Ele parece sorrir para o anjo que vem buscá-lo." -disse um dos presentes.

Pestalozzi foi enterrado perto da escola em Birr.

Quando o prédio da escola teve que ser reconstruído, o grande conselho do cantão de Argau decidiu pela construção de um monumento em sua honra.

Em seu túmulo, leem-se as seguintes palavras:

Aqui jaz

Heinrich Pestalozzi, nascido em Zurique a 12 de janeiro de 1746.

Falecido em Brugg a 17 de fevereiro de 1827.

Salvador dos pobres em Neuhof.

Pregador do povo em "*Leonardo e Gertrudes*".

Pai dos órfãos em Stans.

Criador da nova Escola Elementar em Burgdorf e Munchenbuchsee.

Em Yverdon, educador da Humanidade.

Homem, cristão, cidadão.

Para os outros tudo, nada para si mesmo.

Abençoada seja a sua memória.

O Despertar de Pestalozzi

Pestalozzi reconheceu de imediato Anna Schulthess e Kaspar Bluntschli, que lhe sorriam.

Aos poucos, divisou amigos e familiares que o vieram receber. Professores e alunos que lhe cruzaram o caminho, todos queriam cumprimentá-lo.

Então, foi se recordando de sua própria missão, readquirindo sua memória espiritual e inteirando-se do grande movimento que estava prestes a se instalar em todo o Planeta, relembrando que, dentre seus alunos, estava um dos grandes missionários de Jesus, com imensa tarefa em nível planetário.

O jovem Rivail, então com 23 anos, preparava-se para cumprir sua missão de compilar os elevados ensinamentos que resultariam na Doutrina Espírita. Centenas de médiuns, oriundos, muitos deles, dos antigos druidas *, espalhavam-se pela Europa, prontos para servirem de intermediários entre os homens e os Espíritos.

Ao mesmo tempo em que a França se preparava para receber o "Consolador" prometido por Jesus, movimento intenso ocorria no Mundo Espiritual, especialmente na preparação do Brasil para a recepção desses conhecimentos.

Escolhido por Jesus para ser o "Coração do Mundo, a Pátria do Evangelho", imensa falange de Espíritos se alistou para a grandiosa tarefa de preparação do "solo" brasileiro para receber as sementes dos ensinamentos libertadores da Doutrina Espírita.

A falange heterogênea contava tanto com pensadores da Europa como até com servidores humildes, elementos que pertenceram à Igreja Católica, grande número de Espíritos que foram médiuns nas mais variadas regiões da Europa, muitos perseguidos e condenados como bruxos e bruxas na Idade Média.

Aproveitava-se também o ascendente mediúnico que caracterizava os negros de Angola, Guiné e outras colônias africanas.

(*) Até hoje existem vestígios desse povo na Irlanda, Escócia, norte da Espanha, e outras regiões do oeste europeu. Rivail foi, em passado remoto, um sacerdote Druida ligado ao povo Celta da região das Gálias.

AS COLÔNIAS DE EDUCAÇÃO

Lavater, Bodmer e outros professores do antigo *Collegium Carolinum* se dirigiram ao Brasil, fundando colônias de preparação de futuros tarefeiros na área da educação.

Pestalozzi permaneceu junto à equipe Espiritual de apoio a Allan Kardec e seus colaboradores.

Participou da estruturação de *O Livro dos Espíritos*, em forma de perguntas que ativam a curiosidade do leitor em querer saber as respostas, bem como a divisão em quatro partes que se interligam e se completam. Kardec trabalhou em sintonia com a equipe Espiritual, de forma tal que as obras básicas permitam um estudo através de conteúdos integrados, em que um assunto se liga ao outro, complementando e ampliando a vasta rede de estudos e abrindo espaço para as demais obras que viriam em seguida.

Após a desencarnação de Allan Kardec, Pestalozzi se dirigiu às esferas espirituais ligadas ao Brasil.

Bodmer e outros professores de língua alemã se estabeleceram no sul do Brasil, estruturando colônias voltadas à educação.

Lavater e uma grande equipe de colaboradores se localizaram em Minas Gerais, organizando imensa colônia voltada, principalmente, à preparação de futuros evangelizadores e educadores espíritas.

Outras colônias foram fundadas com o mesmo objetivo em São Paulo, Rio de Janeiro, Espírito Santo, Bahia, na região centro-oeste, nordeste e norte do Brasil.

Jean-Jacques Rousseau, sempre acompanhando os passos de Pestalozzi, participou dos trabalhos de Minas e São Paulo.

De mais alto, ligados às esferas de Jesus, um dos seus mais amorosos discípulos, que renasceu na Umbria com o nome de Francisco de Assis, juntamente com sua companheira de trabalhos, Clara de Assis, supervisionam todas as atividades educacionais que ocorrem nas esferas espirituais do Brasil.

Milhares de Espíritos, de norte a sul do Brasil, atendendo ao chamado da Espiritualidade Superior, matricularam-se nas escolas dessas fabulosas colônias de formação de educadores.

Diversos missionários reencarnaram nesse período, como Bittencourt Sampaio, Bezerra de Menezes, Antônio Luiz Sayão e muitos outros, fortalecendo o movimento espírita que crescia por toda parte.

Assim foi que, quando, em 1860, as primeiras publicações espiritistas chegaram ao Brasil, encontraram um povo afinado com os ensinamentos de Jesus, preparado para absorver os conhecimentos espíritas, vivenciar a mediunidade e a prática da caridade.

EURÍPEDES BARSANULFO

Em 1^0 de maio de 1880, Lavater renasceu na pequena Sacramento, em Minas Gerais, com o nome de Eurípedes Barsanulfo, assessorado por elevada equipe espiritual, dentre eles, Pestalozzi. Suas atividades foram acompanhadas de perto pelos elevados Espíritos da falange de Francisco de Assis e Clara.

Quando Eurípedes Barsanulfo iniciou o ensino da doutrina Espírita no, então, Liceu Sacramentano, os pais católicos ameaçaram retirar seus filhos. No entanto, demonstrando coragem e uma fé inabalável, Eurípedes afirmou:

> "- *Que retirem os filhos, mas a finalidade salvadora do aprendizado espírita será mantida.*" *

Assim, grande número de alunos teve suas matrículas canceladas.

E foi assim que, certo dia em que ele se entristecera profundamente e se pôs a chorar na sala vazia, sentiu insinuante vontade de escrever. Uma força superior lhe tomou as mãos e ele escreveu mecanicamente:

> *"Não feche as portas da escola. Apague da tabuleta a denominação Liceu Sacramentano - que é um resquício do orgulho humano. Em substituição, coloque o nome Colégio Allan Kardec. Ensine o Evangelho de meu filho às quartas-feiras e institua um curso de Astronomia. Acobertarei o Colégio Allan Kardec sob o manto do meu Amor. Maria, Serva do Senhor."*

Nasceu assim o Colégio Allan Kardec, sob a égide de Maria, a mãe de Jesus.

Antigos alunos do Liceu retornaram, e mais duas centenas de outros estudantes se matricularam no Colégio Allan Kardec. Novos professores se aliaram a Eurípedes

Às quartas-feiras, com início às 12h30, ocorria o estudo de *O Evangelho Segundo o Espiritismo* e *O Livro dos Espíritos*, de Allan Kardec.

Segundo Corina Novelino, "*essas aulas despertavam tanto interesse, que os alunos do curso superior não perdiam as sessões mediúnicas, no sentido de enriquecerem suas pesquisas com os conceitos dos Espíritos Benfeitores.*"*

(*) *Eurípedes, O Homem e a Missão*, de Corina Novelino, IDE Editora.

O Movimento Espírita

Eurípedes retornou ao Mundo Espiritual em 1918 e, em conjunto com Pestalozzi e a imensa equipe de professores que dirigiam as diversas colônias educacionais, preparou os futuros educadores que deveriam atuar com maior intensidade nas tarefas de evangelização da infância e da juventude em todo o Brasil.

Francisco Cândido Xavier, renascendo em 1910, iniciou muito cedo sua grandiosa tarefa na recepção das obras Espíritas. Em 1932, lançou sua primeira obra mediúnica *Parnaso de Além Túmulo*. Em 1939, iniciou a série de romances de Emmanuel e, em 1944, teve início a série de obras do Espírito André Luiz, além das cartas e inúmeras outras obras em diferentes estilos.

Espíritos ligados às artes em geral, especialmente à música e ao teatro, foram se agregando às colônias educacionais.

No início da década de 30, surgiriam as primeiras Mocidades Espíritas no Brasil.

Nas próximas décadas, imensa quantidade de Espíritos comprometidos com a tarefa de evangelização da infância e da juventude reencarnaram no solo planetário, especialmente no Brasil.

Cada casa Espírita foi assumindo as características da Escola do Espírito, idealizada por elevada equipe Espiritual.

A mediunidade, mantendo a ponte entre os dois mundos, e a caridade, como exercício do amor ao próximo, são parte integrante do movimento. Grupos de estudos das obras de Kardec foram se instalando, aos poucos, em diversos núcleos espíritas.

O movimento de educação da infância e da juventude, embasado nos princípios da Doutrina Espírita, que se fundamenta no Evangelho de Jesus, foi tomando forma.

O Evangelho no Lar visa a iniciar a educação afetiva e espiritual no seio da família. Os Departamentos de Infância e Juventude buscam integração com as demais atividades da casa para que a instituição Espírita seja semelhante a uma grande família, onde crianças, jovens, adultos, idosos e desencarnados convivam em constante clima de aprendizado e desenvolvimento de suas potencialidades.

A Casa Espírita deveria ser, conforme planejamento espiritual, a extensão de nossas casas, o Lar Espiritual, a

Escola do Espírito, onde, através do estudo e do trabalho, gradualmente, possamos desenvolver as qualidades da alma, as potências do Espírito imortal que somos todos nós, em clima de afeto e cooperação.

Embora o ataque da ignorância, que ainda se apega ao egoísmo e ao orgulho, todo o movimento avança, lentamente, sob a égide de Francisco e Clara de Assis e a assistência direta de Eurípedes, Pestalozzi e grande número de Espíritos ligados ao movimento de Educação do Espírito.

A Mensagem de Eurípedes

Em 1990, em Sacramento, Minas Gerais, Eurípedes Barsanulfo se comunicou através do médium Dr. Tomás Novelino, durante uma reunião de evangelizadores da Infância e Juventude, alertando aos educadores espíritas para a nova etapa evolutiva em preparação. Eis o texto completo da mensagem:

"A paz seja com todos aqui reunidos nesta hora tão propícia em que temos o ensejo de dirigir, de maneira direta, a nossa palavra aos nossos queridos amigos.

Oh! Que alegria, que prazer, que contentamento imenso experimentamos por esta situação feliz!

Amigos queridos, familiares, companheiros em crença, aqui estamos presentes para vos dar as boas-vindas, para vos aconchegar ao nosso coração, num gesto de carinho, de amizade e de amor. Sim, amigos, fomos testemunhas do conclave que hoje realizastes; sabei que está chegando a hora do preparo para a recepção dos **prepostos da Espiritualidade, que vêm descer ao plano terreno** *no desempenho de tarefas nas lides do Espírito de Verdade.*

Estai a postos, amigos; desenvolvei por toda parte, à luz da Doutrina, essas instruções às crianças, aos moços, aos homens, a fim de que **as hostes do Senhor desçam ao plano terreno** *num ambiente onde possam receber instruções, luzes e conhecimento para o preparo de sua tarefa, da sua responsabilidade e até da sua missão na Terra!*

Eia, pois, amigos! Nada de desânimo, nada de receios; aqui estamos todos presentes. Sabei que a falange do Bem está ativa no mundo espiritual, neste anseio de que mui próximo possa dar-se esta **descida de Espíritos prepostos, sob a égide do Cristo** *na direção deste trabalho de reestruturação, de transformação e de renovação das inteligências. Alistai-vos, amigos de bom coração! Alistai-vos na Doutrina; vivei em fraternidade; abri os vossos corações à dor, à necessidade do seu semelhante. Orai ao Pai com fervor, quotidianamente, formando ambiente de serenidade, de união e fraternidade. E, com o pensamento preso à figura sacrossanta do Cristo, sejais habilitados nesta tarefa que vós mesmos vos propondes, de desenvolver os trabalhos do esclarecimento da verdade espiritual do Evangelho do Cristo em todos os corações.*

Agradecido. Mil vezes agradecido pelos pensamentos fervorosos dirigidos à nossa direção.

Que a paz do Mestre amado seja em todos os corações!"

Eurípedes Barsanulfo *

(*) Mensagem psicofônica, por intermédio do Dr. Tomás Novelino, recebida no Colégio Allan Kardec em 28/01/90, em Sacramento-MG

EDUCAÇÃO DO ESPÍRITO

Surge o movimento "*Evangelização do Espírito*" e, por sugestão de amigos espirituais, lançamos o livro "*Educação do Espírito*", como uma introdução ao estudo da Pedagogia Espírita, criando também um grupo de apoio ao Evangelizador.

Seminários e cursos de capacitação ao evangelizador e educador espírita surgem em diversas partes do Brasil, estendendo-se aos Estados Unidos e a alguns países da Europa.

Sem manter privilégios a órgãos ou grupos, as diversas colônias de educação, espalhadas pelo Mundo Espiritual, investem nos colaboradores ligados à tarefa de educação e, concomitantemente, às artes.

Espíritos ligados às artes, depois de estágio nas colônias espirituais, com elevados protetores espirituais das artes, renascem por toda parte.

Grupos de Música e Teatro surgem de Norte a Sul do País em sintonia com as esferas espirituais a que se ligam.

O movimento da arte espírita se intensifica. Inicia-se em cidade do interior paulista o Grupo Espírita de Dança Evolução, surgindo também a I Mostra Espírita de Dança, cujo movimento se alastra intensamente, derrubando os preconceitos que ainda existiam aqui e ali.

E, conforme palavras de Eurípedes Barsanulfo, falange imensa de Espíritos elevados iniciam o renascimento em massa, por toda parte de nosso Planeta Terra, preparando o advento de uma nova etapa evolutiva, quando nosso planeta deverá alcançar o estágio de Mundo de Regeneração, conforme citado no Capítulo III de *O Evangelho Segundo o Espiritismo*:

> *"Os mundos regeneradores servem de transição entre os mundos de expiação e os mundos felizes; a alma que se arrepende, neles encontra a calma e o repouso, acabando de se depurar. Sem dúvida, nesses mundos, o homem está ainda sujeito às leis que regem a matéria; a Humanidade experimenta as vossas sensações e os vossos desejos, mas está livre das paixões desordenadas, das quais sois escravos; neles, não mais do orgulho que faz calar o coração, da inveja que o tortura, do ódio que o sufoca; a palavra amor está escrita sobre todas as frontes; uma perfeita equidade regula as relações sociais; todos se revelando a Deus e tentando ir a Ele, seguindo Suas leis. Neles, todavia, não está ainda a felicidade perfeita, mas a aurora da felicidade."*

Mas como alcançar esse estágio em que a **palavra amor estará escrita sobre todas as frontes**, quando **reinará perfeita equidade, regulando as relações sociais,** e **todos estejam se revelando a Deus e tentando ir a Ele, seguindo Suas leis**, senão pela educação em seu sentido mais amplo e profundo, a educação do Espírito?

Pestalozzi e a Educação do Espírito

Nesse sentido, somos da opinião de que a metodologia vivenciada por Pestalozzi corresponde ao ideal de educação que necessita ser praticada nos tempos que virão.

Longe de ser uma utopia, a Educação do Espírito, hoje tremendamente iluminada pela Doutrina Espírita, será uma realidade, à medida que depositarmos nossa esperança, fé e força no trabalho a realizar.

Se Jean-Jacques Rousseau, teoricamente, abriu espaço para a verdadeira educação, valorizando o sentimento e a moral, Pestalozzi vivenciou, em todos os seus atos, a verdadeira Educação do Espírito, deixando também, em suas obras, um embasamento teórico respeitabilíssimo, embora quase desconhecido.

Seja em Neuhof, Stans, Burgdorf ou em Yverdon, o sentimento de amor sempre esteve presente. Amor imenso que auxilia em profundidade, educando, esclarecendo, iluminando a alma das crianças e abrindo caminho para seu futuro como Espírito imortal.

Em Stans, Burgdorf e Yverdon, Pestalozzi criou o sistema de monitoramento, em que os alunos que mais sabiam auxiliavam os demais. Aceitou alunos em péssimo estado e os transformou em professores dedicados e amorosos. Enfim, criou um ambiente familiar na escola, onde professores e alunos viviam em ambiente de cooperação e ajuda mútua.

Seu fabuloso método intuitivo, tão mal interpretado até hoje, levava o aluno à própria descoberta, desenvolvendo sua capacidade mental ou, em linguagem moderna, à construção das suas estruturas mentais, ou ainda, à construção da própria mente, desenvolvendo a capacidade de pensar, raciocinar, concluir e, ao mesmo tempo, a capacidade de sentir e amar e, por fim, de criar, fazer, agir, atuar.

Deixou claro que a criança, o jovem e o adulto são seres que pensam, sentem e agem e que é preciso estimular, simultaneamente, todas as potências da alma.

Tudo isso, conduzindo o aluno à sua autonomia moral e intelectual, objetivo que é perseguido hoje pelos educadores mais lúcidos.

Enfatizou, em várias obras, a importância da família e a presença da mãe como educadora. E isso não apenas teoricamente, mas tentando fazer de suas próprias escolas uma grande família.

E, talvez o mais importante, destacou que a criança, como filha de Deus, já traz, em si mesma, o germe de todas as suas qualidades interiores.

Educação é o processo através do qual se auxilia o desenvolvimento gradual e progressivo dessas qualidades que já existem em todos em estado germinal ou latente. E, sendo a criança um ser que pensa, sente e age, a educação deve desenvolver a inteligência, o descobrir, o pensar, bem como o sentimento, em especial o sentimento de amor a Deus e ao próximo e, ao mesmo tempo, o agir, o criar, o desenvolver, o fazer acontecer, ou seja, os atributos essenciais do Espírito, filho de Deus criador e, portanto, criadores por excelência que somos todos nós.

E, nesse sentido, todos os dias e em todos os seus atos, lembrava nossa filiação Divina através, seja da prece da manhã e da noite, seja através de suas preleções e, principalmente, através de seus atos, de seu exemplo de vida.

E, vivendo entre católicos, protestantes e até ortodoxos, conseguiu, mesmo recebendo muitas críticas por isso, viver o cristianismo em toda a sua pureza, sem dogmas ou rituais de qualquer natureza, embora sem criticar ou proibir alguém de os realizar.

Indo além de Rousseau, no sentido de psicologizar a educação, além do germe das qualidades interiores, observando os diferentes estágios de desenvolvimento da criança e do jovem que, mais tarde culminaria na Teoria de Piaget e outros pensadores, Pestalozzi, antecipando a própria Doutrina Espírita, percebeu, mesmo sem ter o conhecimento da reencarnação (naquele momento) que cada criança possuía suas particularidades, tendências, preferências e aptidões que deviam ser estimuladas.

Nesse sentido, recebeu crianças de rara inteligência e elevado senso moral e também meninos em péssimas condições, revoltados uns, desanimados e sem estímulo outros e, agindo com seu raro senso de realidade, conseguiu atingir a essência Divina que cada um trazia em si mesmo e despertar o que existia de melhor em cada um.

Sua vida foi um exemplo de fé, perseverança, firmeza e doçura, ao mesmo tempo. Um amor imenso pelos seus ideais, pelas crianças, pela verdadeira educação, que foi seu ideal de toda a vida.

No transcorrer deste trabalho, percebi por que a equipe espiritual que se denomina "Alfredo" nos pediu para escrever em forma de romance. É impossível separar sua vida de sua obra. Sua vida é parte de sua obra, não sendo possível fazer uma análise teórica que soaria fria e metódica, sem o calor do exemplo de vida que nos leva a entender realmente a metodologia de Pestalozzi.

Eurípedes Barsanulfo, em Sacramento, com o Colégio Allan Kardec, deu o toque final, incluindo o estudo da Doutrina Espírita no currículo da escola e, ele mesmo, vivenciando o amor no atendimento aos enfermos através da Farmácia Esperança e Caridade, sob a assistência do Dr. Bezerra de Menezes.

Esperamos que esta obra desperte aqueles que têm

compromisso com a Educação do Espírito para a imensa tarefa que temos pela frente.

Trabalhemos, confiando em Jesus e na imensa equipe espiritual que, de mais alto, assessora-nos a todos.

E rogamos a Deus e a essa equipe espiritual maravilhosa que fortaleçam nossos corações, de todos nós, evangelizadores e educadores do Espírito, para que possamos nos manter firmes e dignos desta tarefa da qual, mercê de Deus, nos foi permitido participar, a Educação do Espírito.

ALFREDO

Ao terminar a obra, notamos a presença do Espírito que sentimos ser o professor Krusi, com lágrimas nos olhos, e vários outros Espíritos que, segundo nos foi dito, foram alunos e professores de Burgdorf e Yverdon, formando a equipe que denominaram Alfredo. Outros grupos se encontram reencarnados em várias partes do Brasil e muitos continuam atuando nas escolas das colônias espirituais voltadas à educação.

Mas todos eles sentem a necessidade de os educadores conhecerem, em maior profundidade, a vida e a obra desse grande Espírito que foi Pestalozzi, a fim de termos suas ideias e métodos como um roteiro em nosso trabalho de evangelizadores ou educadores do Espírito.

BIBLIOGRAFIA E OBRAS PARA CONSULTA

Obras de Jean-Jacques Rousseau

1. **Discurso Sobre as Ciências e as Artes** - Nova Cultural - 1997 - São Paulo

2. **Discurso Sobre a Origem e os Fundamentos da Desigualdade Entre os Homens** - Ed. Nova Cultural - 1997 - São Paulo

3. **Ensaio sobre a Origem das Línguas** - Ed. Unicamp - Campinas

4. **La Nouvelle Héloise** - Librairie de Firmin-Didot - 1878 - Paris

5. **Émile ou De l'éducation** - Éditions Gallimard, 1969 - Paris

6. **Emílio ou Da Educação** - Editora Martins Fontes - 2004 - São Paulo

7. **Do Contrato Social** - Editora Abril Cultura - 1973

8. **O Contrato Social** - Editora Edipro

9. **Confissões** - Editora Edipro - 2007

10. **Devaneios de um Caminhante Solitário** - Ed. Universidade de Brasília - 1986

11. **Les Reveries du Promeneur Solitaire** - Editora Gallimard - Paris

Obras de Johann Heinrich Pestalozzi

12. **Léonard et Gertrude**. Tomes I et II - Editions de La Baconnière - Boudry-Neuchâtel, 1948.

13. **Comment Gertrude Instruit ses Enfants** - (1801) Éditons Castella - Albeuve Suisse - 1985

14 **Cómo Gertrudis Enseña a sus Hijos** - (1801) Editorial Porrúa - México - 2003

15. **Cartas Sobre La Educación de Los Niños** -(1818-1819) Editorial Porrúa - México - 2003

16. **Libros de Educación Elemental** (1803-1804) (Prólogos) - Editorial Porrúa - México, 2003

17. **Mes recherches sur la marche de la nature dans l'évolution du genre humain.** (1797) - Traduction Michel Soëtard. Éditions Payot, Lausanne, 1994.

18.**Mis investigaciones sobre el curso de la naturaleza en la evolución de la humanidad** (1797) - A. Machado Libros, 2003 - tradução José Maria Quintana - Madri

19. **Le Chant du Cygne**. Traduction Michel Soëtard. Éditions Fabert, Paris, 2009.

20. **El Canto Del Cisne** - Editorial Laertes - Barcelona -2003

21 **Le Chant du Cygne** Traduction de L. Vassenhove.- Editions La Baconnière, Neuchâtel, 1947.

22 **Mes Destinées** - Traduction de L. Vassenhove.- Editions La Baconnière, Neuchâtel, 1947.

23 **Lettre de Stans** - Centre Documentation et de Recherche Pestalozzi - Yverdon-les-bains - 1985

24 **Lettre de Stans.** traduction et introduction de M. Soëtard. Ed. Mini Zoé, Carouge-Genève,1996

OBRAS DE OUTROS AUTORES

25. **Pestalozzi e a Pedagogia Social** - Tiago Würth - Ed.Instituto Pestalozzi de Canoas - 1971

26. **Pestalozzi e a Educação Contemporânea** - Luciano Lopes - Rd. Associação Fluminense de Educação - 1981

27 - **Lettres des enfants élèves chez Pestalozzi** - Jullien - Centre Documentation et de Recherche Pestalozzi - Yverdon-les-bains

28 - **Pestalozzi, His Life and Work** - Roger de Guimps - Swan Sonnenschein & Co. - London - 1890

27. **Pestalozzi** - Firmino Costa, Ed. Instituto Pestalozzi de Belo Horizonte - 1945

30 - **História da Pedagogia** - René Hubert - Cia.Editora Nacional - São Paulo

31. **Dicionário de Pedagogia -** Lorenzo Luzurriaga - Ed. Losada - Buenos aires, 1960

32. **Pestalozzi y la educación elemental** - G.Compayré - Madrid, 1922

33 - **O Livro dos Espíritos** - Allan Kardec - Editora IDE

34 - **O Evangelho Segundo o Espiritismo** - Allan Kardec - Editora IDE

35 - **Obras Póstumas -** Allan Kardec - Ed. IDE

36 - **Revista Espírita - Junho 1862** - Allan Kardec - Ed. IDE

37 - **Allan Kardec -** Zêus Wantuil e Francisco Thiesen -Ed. FEB

38 - **Brasil, Coração do Mundo Pátria do Evangelho** - Humberto de Campos, Francisco Cândido Xavier - Ed. FEB

39 - **O Problema do Ser, do Destino e da Dor** - Léon Denis - Ed. FEB

40 - **Educação do Espírito** - Walter O.Alves - Ed. IDE

41 - **Introdução ao Estudo da Pedagogia Espírita** - Walter O.Alves - Ed. IDE

42 - **Revista Pedagógica Espírita** - I, II, III, IV, X - Ed. IDE